KB264158

SÁTÁNTANGÓ

SÁTÁNTANGÓ

SÁTÁNTANGÓ

사탄탱고: 벨라 타르에 들어가기 앞서

강탄우 엮음

*** 일러두기**

1. 헝가리 인명은 성-이름순으로 쓰기 때문에 '타르 벨라'가 올바른
   표기지만, 편의상 국내외에서 통용되는 표기법인 '벨라 타르'로
   적었다. 이외 헝가리 인명은 모두 성-이름으로 표기했다.
2. 작품 제목은 모두 국내 DB 및 국내 상영 당시 제목을 따랐으며,
   정식 한국어 제목이 없는 작품은 우리말로 옮겼다.
3. 영화 제목은 〈 〉, 도서 제목은 『』, 잡지·책의 챕터·미술 작품 및
   기타는 「」로 묶었다.

INDEX

머리말

시네마토그래프 이윤영

글을 쓰는 목적부터 명확히 밝히고 들어가겠다. 나는 〈사탄탱고〉를 본격적으로 비평할 생각이 없다. 부족한 역량에 따른 다소 비겁한 후퇴로 읽힐 여지가 다분하나, 내가 적극적으로 언급할 수 있는 부분은 따로 있기에 비평은 다른 글의 몫으로 조심스레 넘기겠다. 일개 기획자의 부족한 식견보단 다른 이들의 관점에 관심을 가지리라 판단된다. 이 글에서 명확히 짚고 싶은 지점은 따로 있다. 바로 국내 영화광들 사이에서 〈사탄탱고〉란 영화가 어떤 위치를 차지하고 있고, 그것을 어떻게 받아들여야 할지에 관한 것이다.

국내에서 〈사탄탱고〉의 상영은 총 몇 번 이루어졌을까? 현재까지 확인할 수 있는 극장 상영 기록은 제1회 전주국제영화제(2000년), 제9회 전주국제영화제(2008년), 시네마테크의 친구들 영화제(2013년), 광주극장(2020년) 정도다. 물론 여기에는 비공식적인 상영이 제외되었고, 필름 혹은 디지털 상영 여부도 혼재되어 있지만, 기본적으로 국내에서의 공식적인 상영 횟수는 손에 꼽을 정도로 적다. 평균적으로 6~7년에 한 번씩 상영된다는 점을 고려하면, 〈사탄탱고〉는 많은 영화광에게 일종의 '신화적 존재'로 남아있다고 해도 과언이 아니다. 이는 단순히 긴 러닝 타임 때문만이 아니라, 영화의 희소성과 그것이 만들어내는 기대감에서 비롯된 현상일 것이다.

　그렇다면, 왜 〈사탄탱고〉는 '밈'이 되었을까? 영화광들 사이에서 이 작품을 언급하면 대부분 입가에 미소를 머금곤 한다. 하지만 이 미소는 단순히 영화에 대한 애정에서 비롯된 것이라기보다, 〈사탄탱고〉가 만들어낸 일종의 '문화적 코드'를 공유하는 데서 오는 반응이다. 심지어 이런 미소를 머금은 사람 중 실제로 영화를 본 이들이 없을 가능성을 배제할 순 없다. '영화광이라면 앉은 자리에서 〈사탄탱고〉 정도는 다 볼 수 있어야지'라는 다소 엉뚱한 명제를 통해 이 작품을 소화하는 것이 일종의 통과 의례처럼 여겨지고 있다. 이로 인해 〈사탄탱고〉는 단순한 영화 이상의 사회적 의미를 가지게 되었고, '도전'의 상징처럼 여겨지기 시작했다.

　몇 가지 사례를 훑어보자. 당장 영화 리뷰 플랫폼에서 〈사탄탱고〉를 감상한 후기를 찾아보면, 영화의 예술적 가치나 내러티브에 대한 분석보다는 '러닝 타임을 견뎌냈다'는 관객 개인의 성취에 대한 언급이 많은 편이다. 이러한 경향은 다른 장시간 러닝 타임을 가진 영화들—왕빙의 〈철서구〉, 피터 왓킨스의 〈코뮌〉, 라브 디아즈의 〈필리핀 가족의 진화〉, 마리아노 지나스의 〈라

플로르〉에서는 상대적으로 덜 두드러진다. 즉, 〈사탄탱고〉가
단순히 긴 영화이기에 이와 같은 반응이 나타나는 것은 아니다.
〈사탄탱고〉는 그 특유의 연출 방법론과 스토리텔링 방식이 대중적
소비보다는 특정한 문화적 태도를 요구하기 때문에 하나의 '밈'이
되어버린 것이다.

물론 이런 현상에 대해 나는 다소 부정적이다. '러닝 타임을
버텨낸 것' 자체가 영화 감상의 중요한 요소가 되는 순간, 영화의
가치는 오히려 축소될 위험이 있다. 몇몇 감상자들은 '영화적
체험'이라는 막연한 표현을 통해 작품의 특성을 뭉뚱그려버리곤
한다. 이런 태도는 영화를 러닝 타임 때문에 단순히 '견뎌야 하는
것'으로 치부하게 만들고, 결과적으로 영화에 대한 진지한 논의를
방해할 수 있다.

이러한 맥락에서 이 책의 발간은 더욱 의미가 있다. 이 책은
단순한 '견뎌내기'의 대상으로 〈사탄탱고〉를 비추는 게 아닌,
〈사탄탱고〉가 지닌 가치를 조명한다. 우리는 이 작품을 단순한
'밈'으로 소비하는 것을 넘어서야 한다. 이 책이 그러한 논의를
촉진하는 계기가 되기를 기대한다.

<u>BEFORE</u>

BEFORE

타르, 벨라

TARR, BELA : 21 July, 1955, Pecs, Hungary

제러미 카르

벨라 타르는 자신의 영화를 구별되는 여러 시기로 나눌 수 없다고 주장하며, 뚜렷한 전환점보다는 꾸준한 진화를 이야기하는 것을 선호한다. 그는 "모든 영화를 한 번에 본다면, 이 작품들이 동일한 사람의 작업이라는 것을 알 수 있다"[1]라고 말하지만, 그의 필모그래피에는 적어도 표면상으로는 분명한 전환이 존재한다.

만약 그의 후반기 작품들이 그토록 독특한 특징을 지니지 않았다면 그의 영화를 시기로 구분하는 아이디어는 등장하지 않았을 것이다. 〈가을〉(1984)은 고유한 독창성을 보이며 이 구분의 중심에 자리한 작품이다. 이 작품 이전에 발표된 그의 작품들은 다른 감독들의 작품들과 유사한 점이 많지만, 그 이후의 영화들은 '벨라 타르 영화'만의 본질을 보여준다. 분명히 테마, 이야기 전개, 캐릭터 묘사에서 연속성은 존재하지만, 그의 후기 영화들은 모던 시네마에 결정적이고 비교할 수 없는 인상을 남기며, 즉시 알아볼 수 있는 형식적 특성들로 화면을 장식한다. 강렬한 흑백 이미지, 길고

단일한 테이크, 우울하고 냉혹한 설정, 고독하고 냉소적이며 궁핍한
인물 등이 바로 그 특성이다. 결국 그의 작품을 불가분한 공통성의
발전으로 보든, 또는 뚜렷하게 구분되는 성취로 보든 상관없다.
그가 단지 9편의 장편과 몇 편의 단편, 텔레비전 작품, 다큐멘터리를
통해 국제 영화계에서 고유한 비전을 발전시켜온 것은 확실하기
때문이다.

타르는 부다페스트에서 자랐고, 예술가로서 그의 첫 활동도 바로
이곳에서 이뤄졌다. 그는 1956년 톨스토이의 『이반 일리치의 죽음』을
원작으로 하는 텔레비전 영화에 얼굴을 비췄다. 타르가 카메라 앞에
선 두 번째와 세 번째 작품은 바디 가보르의 〈개의 밤의 노래The Dog's Night
Song〉(1983)와 얀초 미클로시의 〈시즌 오브 몬스터즈Season of Monsters〉(1987)
속 작은 역할이었다. 10대 시절 타르는 8mm 단편 영화에 손대며
영화에 흥미를 보였지만, 처음부터 감독이 될 생각은 없었다. 그러나
그는 헝가리 좌파 운동에 참여하고, 〈이주 노동자Guest Workers〉(1971)라는
헝가리 사회주의 노동당을 다룬 다큐멘터리 작품(지금은
유실되었다)을 제작하며 마음을 바꾼다. 젊은 패기 가득한 타르는
세상을 바꾸길 열망했고, 영화 카메라는 그에게 '그저 장비에 불과한'
것이 아니라, 국가의 내면적 고뇌를 탐구할 수 있는 도구로 변했다.[2]

〈패밀리 네스트〉(1979)

정치적 성향 때문에 여러 대학으로부터 입학을 거부당한 타르는
조선소에서 일하면서 아마추어 영화를 만들었다. 그는 다큐멘터리
〈필름 사가Film Saga〉(1977)의 작업을 보조하고, '발라즈 벨라 스튜디오
(Balazs Bela Studio)'의 도움을 받아 그의 경험과 가난한 불법체류자의
이야기에 영감을 얻은 첫 번째 장편 영화 제작에 착수했다. "이것은
실제 이야기입니다. 영화 속 인물들에게 일어난 일은 아니지만,
일어날 수도 있었던 일입니다"라는 서문으로 시작하는 영화, 〈패밀리
네스트〉(1979)는 타르 자신의 사회정치적 관심과 예리한 인식이 담긴

작품이다. 〈필름 사가〉와 타르의 1978년 단편 〈호텔 마녜지트〉처럼 〈패밀리 네스트〉는 헝가리의 주거 문제를 다룬다. 영화의 제목과는 달리 아이러니하게도 영화 속에는 자연스럽고 편안한 구조물, 보호와 피난을 제공하는 둥지 같은 건 등장하지 않는다. 영화는 작고 좁은 아파트에서 시어머니와 함께 살고 있는 젊은 여성 이렌(사이키 이렌)이 그녀의 남편 라치(호르바스 라슬로)가 군역 때문에 부재하는 동안 발생하는 고부 갈등을 중심으로 전개된다. 가족의 명예와 조화, 책임, 위선적인 도덕주의가 서로 충돌하고, 이렌은 라치가 돌아오면 상황이 변하리라 기대한다. 하지만 남편의 존재는 이미 나빠진 삶을 더욱 악화시킬 뿐이다. 타르의 작품에서 성별이 개인적인 특성을 정의하는 경우는 드물지만, 〈패밀리 네스트〉는 남성과 여성의 역할과 규범 차이에 대한 논의도 담고 있다. 이렌은 남편과 시아버지로부터 품행에 대한 비난을 받는 반면, 이 두 남성은 노골적인 외도를 저지른다. 라치와 그의 동료가 술에 취해 이렌의 집시 친구를 성폭행하는 장면은 타르 영화 속 가장 충격적인 장면 중 하나다. 그들은 범행 이후 아무렇지 않게 근처 바로 가서 술을 마신다.

〈패밀리 네스트〉는 약 1만 달러의 예산으로 5일 만에 촬영되었으며, 비전문 배우들이 출연한 작품이다. 이 영화는 타르의 이후 영화들에 스며있는 깊은 절망의 표면을 긁어낸다. 하지만

〈불안한 관계〉(1982)

동시에 팝 음악과 놀이공원 나들이 장면을 통해 가벼운 순간들을
이끌어내며, 가족 간의 사소한 다툼은 일종의 블랙 코미디로
작용한다.

　타르는 〈패밀리 네스트〉를 완성한 후 헝가리
연극영화예술학교(Hungarian School of Theatrical and Cinematic
Arts)에 입학했다. 당시 대부분의 투자자는 학문적 배경이 없는
감독에게 자금을 지원하지 않았다. 그곳에서 그는 1982년 두 편의

연출작, 〈아웃사이더〉와 〈불안한 관계〉를 발표했다. 제목에서 알
수 있듯 〈아웃사이더〉는 사회적 지위, 직업, 그리고 거주지 때문에
사회에서 소외된 사람들에 대한 타르의 지속적인 관심이 담겨있다.
　　주인공이자 '아웃사이더' 안드라시(사보 안드라시)는
파트타임으로 병원에서 일하는 음악가다. 그가 일하는 병원은
우울하고 고통으로 가득한 곳이다. 그는 자신이 돌보는 환자들에게
거의 인내심을 보이지 않고 종종 좌절감 속에서 거칠게 반응한다.
일터 밖에서 그는 춤과 술, 그리고 (타르의 영화로는 이례적으로)
무분별한 성적 욕망이 얽힌 세계를 떠돌며, 일터에서는 알코올
중독 환자와 함께 술을 마시는 등 부주의하고 자기중심적인
행동을 일삼는다. 〈패밀리 네스트〉와 마찬가지로 이 영화 또한
고용 불안, 관계의 균열, 경제적 불안정성 같은 문제들을 다룬다.
그러나 안드라시는 권태에 물든 체념으로 그런 현실을 받아들이며,
우연히 맺어진 관계들과 만취한 공동체 속을 무력하게 떠돈다.
그의 무책임함과 충동적 태도는 그를 '외부인'으로 남게 만들지만,
타르의 많은 몰락한 주인공들처럼, 그는 절망과 꿋꿋함 사이 균형을
유지한다.
　　〈패밀리 네스트〉, 〈아웃사이더〉, 〈불안한 관계〉 속 대화는
현실적이고 솔직하며, 타르의 후기 작품에서 볼 수 있는 과장된
행동과 시적인 대사보다 훨씬 자연스러운 접근이 두드러진다. 이 세

작품은 후기작처럼 최면에 걸린 듯한 느낌을 주지는 않지만, 〈불안한 관계〉에서 '남편'과 '아내' 역을 맡은 콜타이 로베르트와 포거뉴 유디트의 연기는 상대적으로 더 몰입감을 주며, 그들의 일상적 고민에 더욱 공감할 수 있게 만든다.

〈불안한 관계〉에서 타르는 또 한 번 침체된 사회와 채울 수 없는 갈망을 주요한 문제로 다루고, 만성적인 미성숙, 엇갈리는 신체·감정적 욕구, 그리고 가정의 무게 속에서 고군분투하는 젊은 부부의 모습을 그린다. 이러한 주제는 그의 초기 세 작품에서 모두 나타난다. 하지만 〈패밀리 네스트〉에서 이렌과 라치가 자기 만의 아파트를 갖는 것이 모든 문제를 해결해줄 것이라 믿는다면, 〈불안한 관계〉에서 타르는 소비주의에 대한 날카로운 시선을 제시한다. 〈불안한 관계〉의 결말에 이르면 카메라는 평평한 트럭 적재함 뒤편에 앉아 갓 구매한 세탁기를 꼭 껴안은 주인공 부부의 모습을 보여준다. 이 장면은 엔드 크레딧이 올라가는 동안 고정된 롱 테이크로 유지된다. 그들의 무표정한 얼굴에는 체념, 만족, 그리고 실망이 뒤섞인 감정이 담겨있다. 이 상반되는 감정들은 타르가 영화감독으로서의 경력을 시작하면서 일관되게 그려온 중심인물들의 삶을 상징적으로 드러낸다.

'프롤레타리아 3부작'으로 불리는 이 영화들은 경제적 어려움과 고용 안정성 같은 노동계급의 고민을 공유하며, 음식, 임금, 교양,

주거 환경을 둘러싼 갈등을 포함하고 있다. 주요 인물들은 끊임없이 충돌하는 상황과 갈등이 심화된 관계 속에 놓이며, 긴장감 넘치는 언쟁과 폭력적인 결말을 맞곤 한다.

타르가 집요하게 파고드는 사회적 주제들 속에는 분명 정치적인 함의가 내포되어 있지만, 그렇다고 해서 기존 체제를 노골적으로 비판하는 경우는 드물다. 그러나 이 영화들은 그의 후기작들과는 대조적으로 구체적인 동시대 현실을 분명하게 다룬다. 타르의 후기 영화들은 의도적으로 모호하고 추상적인 공간을 배경으로 펼쳐진다. 타르의 후기 필모그래피는 이른바 '사회 참여 영화'에서 벗어나 추상적이고 형이상학적인 영역으로 나아가는 반면, 〈패밀리 네스트〉, 〈아웃사이더〉, 〈불안한 관계〉는 철저하게 도시 중심부에 자리 잡고 있다. 그 안에는 명확한 시간과 장소를 배경으로 구체적인 사회의 틀 안에서 다른 이들과 뒤엉켜 살아가는 사람들이 밀도 있게 담겨있다. 이 세 작품에는 타르의 경력이 이어지면서 점차 사라지게 될 현대 사회의 초조함과 피로감도 함께 담겨있다.

동시에 그는 초기작부터 일상의 지루함과 반복에 강한 관심을 보였고, 이 특성은 그의 영화 세계 전반에 걸쳐 지속적으로 유지된다. 차이가 있다면 이 시기의 영화들은 후기 작품에서처럼 관객의 인내심을 시험하는 느릿한 전개를 거의 보여주지 않는다는 점이다.

하지만 시작도 끝도 없는 모호한 이야기 구조, 그리고 아무런
설명 없이 그저 끝없이 이어지는 드라마 한가운데로 관객을 던져
넣는다는 점은 동일하다.

　　스타일 측면에서 보면 의도적이고 느릿한 전개는 초기작에서
거의 찾아볼 수 없다. 대신 서로 겹치는 대사, 비교적 빠른 편집,
핸드헬드 카메라 , 빽빽한 구도, 인간의 잔인함과 신랄함을 집요하게
포착하려 고통스러울 정도로 가깝게 다가가는 클로즈업 등으로
구성된 신경질적인 에너지가 두드러진다. 〈페밀리 네스트〉에서
파프 페렌츠의 촬영은 타르의 후기 흑백 영화만큼 표현주의적이지는
않지만, 오히려 더욱 거칠고 날것에 가깝다. 〈아웃사이더〉의 컬러
촬영 역시 파프와 미호크 바르너가 함께 작업했으며, 자연광과
꾸밈없는 색감을 통해 담백한 미장센을 구성한다. 이를 더 강렬한
표현이라고 볼 수도 있고, 형식적인 절제의 부족으로 볼 수도 있다.
자크 랑시에르는 이를 다음과 같이 설명한다. "젊은 시절 타르의
분노는 핸드헬드 카메라의 거친 움직임으로 번역되었다. 카메라는
좁은 공간 속에서 인물들 사이를 튀듯이 오가며 얼굴 가까이
파고들어 그들의 모든 표정을 집요하게 응시한다." 이는 타르가
이후에 전개한 방식과는 다르다. "성숙해진 타르의 비관주의는
고독에 갇힌 인물들을 둘러싼 빈 피사계 심도를 천천히 파고드는 롱
시퀀스 숏으로 표현된다."[3]

타르는 반박할지 모르겠으나, 이 시점에서 그의 미학은 분명한 변화를 겪었다. 영화 학교에서 전권을 부여받아 〈아웃사이더〉와 〈불안한 관계〉를 제작했던 그는 윗선의 요구에 따라 문학 작품을 각색한 작품을 만들어야 했다. 그렇게 탄생한 〈맥베스〉(1982)는 체르할미 죄르지와 쿠트빌지 에르제베트 주연으로 제작되었으며, 이후 텔레비전용으로 다시 만들어졌다. 구야시 부다와 파프 페렌츠가 촬영을 맡은 이 작품은 타르의 트레이드마크가 될 스타일의 가장 뚜렷한 전조로 평가된다. 〈맥베스〉는 전체 72분 동안 단 두 개의 숏으로 구성되어 있다. 크레딧 전에 5분짜리 시퀀스가 등장하고, 나머지 67분 동안은 롱테이크가 지속된다. 이 기획은 각색의 측면에선 범작이나 기술의 측면에선 역작이다.

〈맥베스〉는 스타일에 대한 대담한 연습이었으며, 벨라 타르의 커리어에서 결정적인 형식적 변이의 시작이었다. 이 변화는 〈가을〉로 이어졌다. 그의 네 번째 장편영화에서 가장 먼저 눈에 띄는 점은 초기 세 작품에서는 찾아볼 수 없던 영상의 강렬한 생동감이다. 비스듬한 앵글과 화려한 세트 장식, 다채로운 조명, 그리고 때때로 불분명하게 배치된 인물들은 인공성과 기교에 대한 자의식을 강하게 드러낸다. 〈가을〉은 폐쇄된 공간에서 벌어지는 이야기지만, 타르는 트래킹, 패닝, 틸트와 같은 안무적 움직임을 활용해 제한된 공간을

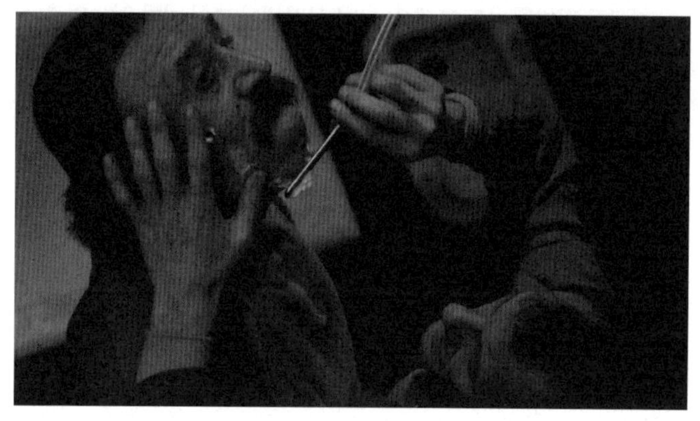

〈가을〉(1984)

개방적으로 구성한다. 동시에 차단된 구도와 서서히 드러나는 움직임을 통해 시야를 제한하며, 마치 숨겨진 장소에서 방을 엿보는 관음적 방관자처럼 화면을 연출한다. 〈가을〉의 복잡한 미장센은 다층적 연출의 성공적인 사례라 할 수 있다. 그리고 이 작품은 이전 작품들과 비교했을 때 시각적으로 매우 독창적이지만, 주제적으로는 전작들의 연장선에 있다.

영화는 갈등 속에서 살아가는 다섯 인물, 어머니 헤디(테메시 헤디), 그녀의 아들 야노시(데르지 야노시), 간병인 안나(보드나르

에리카), 안나의 연인 미클로시(세케이 B. 미클로시), 그리고
가난한 하숙인 교사 티보르(헤테니 팔)의 격동적인 삶을 며칠에
걸쳐 따라간다. 〈가을〉은 가정 내 긴장에서 비롯된 관계의 균열을
드러낸다. 이 인물들은 서로에게 가장 큰 적이며, 인물들을 짓누르는
불안은 교활한 속셈과 답답한 환경으로 인해 더 심화한다. 이는
타르의 이후 작품들에서 반복되는 특징이기도 하다. 타르는 이전
작품들과 달리 즉흥적인 상호작용의 감각을 희석하고, 사랑과 수용,
그리고 욕망에 관한 철학적 탐구와 자기 고백을 도입하기 시작한다.
끊임없는 욕설로 가득 찬 인물들의 연극적 면담은 결국 잔혹한
육체적 폭력으로 이어진다.

〈가을〉이 타르 필모그래피의 중추로 여겨지는 또 다른 이유는
비그 미하이가 처음으로 음악을 담당한 작품이기 때문이다. 비그는
이후 타르의 영화에 크게 기여하는 작곡가다. 이 시점부터 벨라
타르 영화의 특징 중 하나는 바로 비그가 제공하는 음악이다. 비그의
음악은 감독이 만들어낸 움직임과 공명하며 영화의 정서를 더욱
심화시킨다. 타르 역시 "비그의 음악은 배우나 장면, 이야기와 동등한
역할을 한다"라고 말한 바 있다.[4]

〈가을〉에서 뛰어난 촬영을 보여준 촬영감독들(파프 페렌츠,
구야시 부다, 커르도시 산도르)부터, 〈아웃사이더〉 이후 타르와
함께하며 그의 가장 중요한 협력자이자 배우자 흐라니츠키

아그네슈까지(흐라니츠키는 편집뿐만 아니라 〈가을〉의
화려하면서도 퇴락한 분위기를 담아낸 정교한 프로덕션 디자인에도
기여했다), 벨라 타르는 기꺼이 그들에게 공을 돌렸으며 'A film by'
크레딧도 공유했다.

타르가 그의 후기작들을 여러 핵심 협력자의 참여에 크게
의지하여 만들었다는 사실을 생각하면 이는 당연한 일처럼 보이기도
한다. 다만 흐라니츠키와의 작업 관계처럼 누가 무엇을 담당했는지
명확하지 않은 경우도 많았다. 촬영감독 메드비지 가보르는 이에
대해 "그들(타르와 흐라니츠키)의 협업 방식이 정확히 어떻게
이루어지는지 아는 사람은 아무도 없다"[5]라고 말한 바 있으며,
흐라니츠키는 "나는 모든 일에 의견을 내지만, 창작에 대한 주도권은
언제나 벨라에게 있다"[6]라고 밝히기도 했다.

이에 대해 타르 본인은 이렇게 설명한다. "굉장히 단순한 일이다.
로케이션과 세트 같은 대부분의 준비는 내가 한다. 촬영을 시작하면
나는 그녀(흐라니츠키)가 현장에 있는 것을 선호한다. 모든 것은 결국
촬영 현장에서 결정되기 때문이다. 그녀는 아주 예리한 눈을 가졌고,
문제가 있으면 즉각 알아차릴 수 있다. 영화를 볼 때 눈이 두 개인
것보단 네 개인 게 훨씬 도움이 된다."[7]

〈파멸〉(1988)은 타르의 중요한 협업자인 소설가
크러스너호르커이 라슬로와 촬영감독 메드비지 가보르를 처음

〈파멸〉(1988)

소개한 영화이며, 타르의 결정적인 영화 미학이 가장 잘 나타난 작품이기도 하다. 메드비지는 이후 타르와 두 편의 장편을 더 촬영하며 그와 긴밀히 작업했다. 특히 크러스너호르커이는 타르와 최고의 호흡을 자랑했다. 그의 문장은 매우 길고 정교한 것으로 유명한데, 어떤 문장은 한 페이지를 가득 채우기도 한다. 이러한 서술 방식은 타르의 점점 길어지는 숏의 지속 시간과 밀접한 유사성을 갖는다. 이처럼 긴 롱테이크는 분골쇄신하는 섬세한 묘사와 함께 인물들의 행동(혹은 행동의 부재)을 관찰한다.

〈파멸〉에 등장하는 늘어지는 움직임은 불안한 대기를 형성하고 관객을 최면에 빠트린다. 영화는 석탄 수레의 소음이 울리는 탁한 잿빛 황무지로 운을 뗀다. 곧 빛과 그림자 속에서 조용한 관찰자가 천천히 드러나고, 그를 둘러싼 주변도 점차 보이기 시작한다. 영화 속 짓다 만 듯한, 또는 완파된 듯한 집과 건물들이 만들어내는 질감과 음산함은 영화의 느린 템포, 낡고 황폐한 배경 묘사와 어우러지며 한 폭의 폐허를 만들어낸다. 이러한 공간은 이후 타르 영화에도 자주 등장한다. 이 쇠락한 탄광촌에 사는 인물의 말처럼, '안개가 구석구석 스며들고, 폐 속으로 파고들며 (…) 마침내 영혼 깊숙이 자리 잡는' 이곳은 벨라 타르의 영화가 반복하여 회귀하는 풍경이기도 하다.

타르 영화 속 환경은 실외와 실내를 가리지 않고 관계를 맺는다. 마치 비, 진흙, 바람이 어떻게든 집 안으로 들이닥쳐 마루와 벽을 축축하고, 더럽고, 척박하게 만드는 것 같은 느낌을 주기 때문이다. 그리고 이러한 모습은 마치 인물들의 심리 상태처럼 보인다. 그의 필모그래피 전체를 상기할 때, 〈파멸〉은 (비록 타르는 코미디라고 주장하지만) 절망의 감정을 불러일으키는 확실히 침울한 영화다. 타르 초기작에 종종 보이던 흥겨운 사교 모임 장면도 등장하지만, 〈파멸〉에선 시간 속에 얼어붙은 인물들이 반쯤 잠든 채로, 또는 쓰러진 마네킹처럼 넋이 나간 듯 서로를 응시할 뿐이다.

실존적 공허를 비롯해 타르의 영화는 점점 더 무거운 내용을 담기 시작한다. 종교적이라고 보기는 어렵지만(일부 평론가들은 그의 작품을 '탈종교적(post-religious)'이라고 부르기도 한다), 적어도 타르의 영화는 '우주적(cosmic)'이다. 그는 "모든 것은 우리보다 훨씬 거대하다. 나는 인간이 우주의 작은 일부일 뿐이라고 생각한다"[8]라고 말한 바 있다. 〈파멸〉은 우주적 관점에서 보잘것없는 개인이 주인공으로 등장한다. 초라하고 우울한 커레르(세케이 B. 미클로시)는 여가수(발리 케레케시)에게 연정을 품고 있다. 그는 탈출을 꿈꾸고 성공을 갈망한다. 나이트클럽 바텐더로부터 밀수 제안을 받은 커레르는 그 일을 가수의 남편 세바스티엔(체르할미 죄르지)에게 넘겨버리며 그를 일시적으로 사랑의 전장에서 제거하려 한다. 커레르는 자신의 삶, 자신의 도시, 그리고 자신을 가두는 비참한 공허에서 벗어날 길을 찾는다.

영화 이론가 코바치 안드리시 발린트(Kovacs Andras Balint)의 말처럼, '타르의 모든 영화의 기본 주제는 옥죄임(Entrapment)이다.'[9] 〈파멸〉 이후, 타르의 영화 배경은 점점 더 절망적으로 변해간다. 절망은 광기와도 한 끗 차이이고, 인간을 생존과 배신이라는 원초적 본능의 지배 아래 두게 한다. 마음을 고백했다가 무시당하는 장면에서 알 수 있듯, 커레르를 움직이는 원동력에 '사랑'이라는 감정이 일부 섞여 있기는 하지만, 그는 점차 자기 연민에 사로잡혀 결국 주변 사람들을 지치게 만든다. 무미건조한 정사는 기계 소리에

〈사탄탱고〉(1994)

묻혀 사그라든다. 영화의 마지막에 이르면 커레르는 진흙탕에서
비틀거리고 병든 개에게 짖어대며 동물적인 절박함으로 무언가를
소통하려 한다. 이런 비참함에도 불구하고, 그는 타르 영화 특유의
집념과 함께 앞으로 나아간다.

　　회의와 낙관이 공존하는 역설이라는 그 끈질긴 태도는
타르의 다음 영화, 〈사탄탱고〉(1994)라는 이야기의 원동력이다.
크러스너호르커이의 동명 소설 속 에피소드와 구조를 따라가는

<사탄탱고>는 벨라 타르의 최고 야심작이다. 음울하고, 묵직하며 으스스한 이 438분짜리 영화는 초자연적인 분위기와 함께 무신경하게 흘러간다. 영화에는 거짓 선지자 이리미아시를 연기한 동시에 탁월한 음악을 제공한 비그를 비롯해 알마시 알베르트 에바, 데르지 야노시, 야라이 알프레드, 세케이 B. 미클로시 등 타르에게 익숙한 얼굴들이 대거 출연했다. 출연작이 타르 영화 세 편뿐인 어린 보크 에리카도 등장한다. 영화는 도난당한 돈과 도주에 관한 이야기로 운을 떼지만, 타르가 광범위한 서사적 일탈을 감행할 때 서사적 추진력은 결국 멈추고 만다. 영화는 이야기의 초점을 전환하며 서사를 지연하고, 때로 이 지연은 1시간 이상 지속된다. 영화는 이 흐름이 아무리 사소하거나 단조로워도 전혀 개의치 않는다.

반복되는 연설과 <라쇼몽>을 연상케 하는 다양한 관점 등 이야기 바깥의 이야기는 악의와 적개심으로 가득 찬 공동체의 초상을 그려낸다. 적대감이 팽배한 분위기는 7시간이 넘는 러닝 타임 동안 서서히 끓어오르는 공격성과 묵시록적인 절망을 형성한다. 타르는 술에 취해 비틀거리며 중얼거리는 마을의 어른들이 비참한 광경을 이해할 수 없다는 듯 바라보는 어린 에슈티케의 모습을 긴 호흡으로 담아내며, 이러한 끔찍한 존재들이 얼마나 만연한지를 강렬하게 암시한다. 어린 소녀에게 이 어른들의 모습은 곧 그녀가 성장하며

마주할 미래다.

〈사탄탱고〉에서 피어오르는 불안감은 이리미아시의 도착이 임박했다는 사실에서 비롯한다. 그는 이 공동체를 파멸로 이끌 수도 있고 구원할 수도 있는 위험한 선동가다. 그러나 그 불안은 환경 자체에서도 기인한다. 마치 버려지고 단절된 지옥의 변방처럼, 폭우와 거리 전체를 휩쓰는 바람은 이 지방 마을을 진흙과 오물의 장벽 속에 고립시킨다. 멀리서 울려 퍼지는 정체불명의 종소리, 음모에 대한 암시, 그리고 돈이 가진 부패의 힘은 불길한 예감을 증폭시킨다. 타르의 느린 보폭에 힘입은 〈사탄탱고〉는 최면이자, 무아지경이며, 초월이다.

〈사탄탱고〉가 존재의 본질에 대한 광범위한 질문을 암시로 풀어낸다면, 〈베크마이스터 하모니즈〉(2000)는 이러한 질문을 전면에 내세운다. 발루슈카 야노시(라스 루돌프)는 술 취한 이웃들에게 일식이 만들어내는 천상의 혼돈을 설명하려 하지만, 영화 내내 벌어지는 기이한 공포 앞에서 그의 말과 행동은 아무런 논리적 설명도 제공하지 못한다. 〈사탄탱고〉와 마찬가지로 〈베크마이스터 하모니즈〉 속 불안감 역시 불길한 예감으로부터 비롯한다. 이번에는 거대한 고래를 전시하는 카니발과 이를 이끄는 수수께끼의 인물 '프린스'의 도착을 둘러싼 불길한 소문이 그 중심에 있다. 이러한 소문은 점차 커다란 공포로 변하고, 마침내 밤이 되자 광분한 군중은 마을을 습격하며 소요를 일으킨다, 이 사태는 기괴한 서커스의 도래와 직접적인 관련이 있을 수도, 없을 수도 있다는 점에서 모호함을 남긴다.

이 폭동은 정치적 알레고리에서 기인했을 가능성도 상당하다. 영화의 원작이 된 크러스너호르커이의 소설 『저항의 멜랑콜리』는 1989년에 출판되었으며, 이는 헝가리를 비롯한 여러 국가에서 공산주의 정권이 급격한 쇠퇴를 직면하던 시기였다. 영화 속 야만스럽고 충격적인 폭력과는 별개로, 〈베크마이스터 하모니즈〉는 주인공 야노시를 통해 형성되는 공감을 바탕으로 어느 정도 감정적 균형을 유지한다. "타르 영화의 모든 캐릭터가 공유하는 가장 일반적인 특징은, 그들이 사회·심리적으로 취약한 상태에 놓인 동시에, 다른 한편으로는 그다지 호감이 가지 않거나 아예 사악한 존재라는 점이다"[10]라고 코바치는 기술한다. 이는 대체로 사실이다. 타르는 도덕적 판단을 내리지 않으며, 인물들을 동정하지도 않는다. 그의 영화에 슬픔이 있을지언정 온전한 호의의 반응은 전무하다. 하지만 야노시는 다르다. 그는 타르 영화에서 유일하게 선하고 전적으로 해를 끼치지 않는 인물로, 아무런 잘못도 저지르지 않았으며 누구에게도 무례하게 굴지 않았음에도 불구하고 희생자가 되는 존재다.[11]

<베크마이스터 하모니즈>(2000)

<베크마이스터 하모니즈>를 발표한 후, 타르는 테니 가보르와
함께 영화 제작사 'T.T 영화제작소(T.T. Filmmuhely)'를 설립한다.
그리고 조르주 심농의 동명 소설을 타르와 크러스너호르커이가
함께 각색한 (타르는 '각색을 한 게 아니라 그 소설의 분위기를 무척
사랑한 것뿐'[12]이라고 말했지만) <런던에서 온 사나이>(2007)를
제작하기까지 많은 우여곡절을 겪는다. 로케이션과 예산에 있어
의견 대립이 있었고, 촬영에 들어가기 전엔 프로듀서 움베르 발상이
스스로 목숨을 끊었으며, 촬영감독 잘라디약 이슈트반은 촬영 이틀

만에 사직했다. 촬영감독 공석은 타르가 1990년대 베를린 필름
아카데미에서 아주 짧게 가르쳤던 프레드 켈레멘이 채웠다.

　인기 있는 원작 소설을 소재로 삼았기 때문일까, 〈런던에서 온
사나이〉는 비교적 관습적인 스토리라인을 갖고 있다. 시나리오는
고전 필름 누아르에 근간을 두고 있으며, 실제로 원작 소설은 두
번이나 영화로 만들어졌다(〈런던에서 온 사나이The Man from London, 1943〉,
〈유혹의 항구Temptation Harbour, 1947〉). 영화는 어둠 속 어떤 사건을 목격하는
것으로 시작한다. 서류 가방을 주고받던 두 사람이 주먹다짐을 하고,
한 사람이 물속에 빠지자 다른 한 사람은 달아난다. 이를 지켜보던
전철원 말로인(미로슬라브 크로보트)은 서류 가방과 그 안에 든
젖은 현찰을 회수한다. 타르는 말로인이 돈을 챙기는 그 운명적인
결정과 이 상황이 지닌 중대함에 천착한다. 하지만 말로인은 얼마
뒤 누군가 그의 범행을 알고 있다는 사실을 깨닫는다. 그와 그의
아내(틸다 스윈튼), 그들의 딸(보크 에리카) 사이 다툼이 잦아지면서
말로인은 운명의 갈림길에 선다. 돈의 매력은 타르 영화 속 주인공을
움직이는 중요한 요소다. 하지만 〈런던에서 온 사나이〉는 영화 속
사건이 벌어지는 장소, 그리고 이 일확천금을 사용하는 방식에서
〈파멸〉이나 〈사탄탱고〉와 궤를 달리한다. 타르는 도시로 돌아와
말로인의 일상적이고 사회적인 루틴을 관찰한다. 그의 후기작들은
주로 고립되고 단절된 장소가 등장하는 반면, 〈런던에서 온

〈토리노의 말〉(2011)

사나이〉는 영화 속 배경인 도시의 바깥세상에 대한 생생한 감각이
존재한다. 현금은 훨씬 직접적이고 적절한 가치를 갖는다. 옷을
사거나 살림에 보탤 수 있기 때문이다. 그것은 관념적인 욕망이 아닌
현실에 즉시 적용 가능한 욕망이다. 따라서 관객은 영화 속에서 현대
세계를 감각하고, 말로인을 현대인으로 여긴다.

타르의 최근작이자 그가 마지막 작품이라고 선언한 〈토리노의
말〉(2011)에 이르면 또 이야기가 달라진다. 〈토리노의 말〉은

내러티브, 풍경, 스타일 측면에서 타르의 전작으로 회귀했으며, 특정한 시간과 공간으로부터 철저히 외따로 존재한다. 크러스너호르커이의 오리지널 각본은 농부 올스도르퍼(데르지 야노시)와 딸(보크 에리카)의 삶 속 엿새를 꼼꼼하고 평범하게 따라간다. 농부의 집과 그 주변 한정된 공간을 제외하면 영화 속엔 어떤 공간적 여유도 존재하지 않으며, 결정적으로 영화 내내 어떤 중대한 사건도 등장하지 않는다. 〈토리노의 말〉은 타르의 가장 공허한 작품이다. 캐릭터는 희미하고, 플롯은 유명무실하며, 영화의 속도는 침묵과 시간을 피부에 와닿도록 만든다. 타르는 언제나 로케이션 촬영을 했지만, 세트를 짓거나 인공 비바람을 쓰는데 거리낌은 없었다. 〈토리노의 말〉은 끊임없는 악천후로 이 두 사람의 일상에 더 큰 부담을 부여한다. 다른 감독이라면 고통스럽고 단순한 반복에 그쳤을 이러한 연출을 숏의 크기, 지속시간, 카메라 움직임을 다양하게 가져가며 보완한다.

코바치는 타르의 초기작에서 가장 빈번하게 다루는 주제를 '일상의 지옥'이라고 명명했다. 그는 "'일상의 지옥'이란 사람들이 어떻게 서로의 삶을 지옥처럼 만들어가는가에 관한 것이다"라고 기술한 바 있다. 반면, 두 번째 시기의 영화들은 '배신과 음모'에 관한 이야기다. 이 두 가지 주제의 예외로는 〈아웃사이더〉와 〈토리노의 말〉이 있는데, 이 두 영화는 완전히 길을 잃고 환경에 적응하는 방법을 찾을 수 없는 사람들의 이야기를 다루지만, 그것은 배신이나 다른 사람들의 협잡 때문은 아니다.[13] 〈토리노의 말〉에는 지나가는 집시 무리가 농장에 도착해 쫓겨나거나, 이웃이 가족을 방문해 근처 마을이 폐허가 되었다며 어떤 대재앙을 예언하는 등의 작은 접촉이 존재한다. 올스도르퍼는 그 말을 헛소리로 치부하지만, 이는 이 영화의 가장 중요한 함의처럼 보인다. 비록 미묘하고 느리게 타들어가듯 다가오지만, 세기말에 관한 시사는 타르의 가장 근본적인 관심이며 그의 영화적 최종 진술이다. "나는 세상의 끝에 관한 영화를 한 편 더 만들고 싶다. 그리고 영화 만들기를 중단할 것이다."[14] 그리고 그는 이를 실행했다.

1995년 단편 〈평원에서의 여행〉, 1990년 공동 연출작 〈시티 라이프〉, 그리고 2004년 옴니버스 프로젝트 〈비전스 오브 유럽〉을 포함하는 30여 년간의 영화 제작 이후, 타르는 감독 커리어를 마무리했다. 이후 그는 사라예보 과학기술학교 내 영화학교 필름.팩토리(film.factory)에서 후학을 양성하고, 암스테르담 아이 필름뮤지엄(EYE Filmmuseum)에서 「세상이 끝날 때까지(Till The End of the World)」를 전시했다.

타르가 은퇴를 고수할지, 아니면 다시 작업을 시작할지는 알 수 없지만, 그가 남긴 작품은 개별적 성취와 예술적 비전의 놀라운

앤솔러지로서 오랫동안 기억될 것이다. 황량한 풍경의 가난한 농촌 공동체를 배경으로 벌거벗은 인간성의 무력함을 보여주는 그의 영화들. 이는 타르가 찾아낸 그 암울한 세계 속 아이러니한 유머다. 그의 디스토피아는 항상 비바람을 퍼붓고(1987년 이래로 타르의 모든 영화는 11월에서 3월 사이에 촬영되었다), 그곳엔 목표 없이 떠도는 이방인들이 거주한다. 그는 전통적인 내러티브를 거부하며 아무 일도 일어나지 않는 것처럼 보이는 이야기를 더 선호했다. 그는 스토리보드나 양식적인 대본도 거의 사용하지 않았다. 이러한 자유로운 방식에서 펼쳐지는 드라마는 경이로움과 고뇌, 그리고 신비가 배합된 풍속화와 같다. 젊은 시절 철학자가 되고 싶었다던 타르는 사회·문화·국가적 영역을 넘어 존재론적이고 우주적인 문제에 집중했다. 그리고 그것은 완전하고 고유한 영역을 만들어냈다. "나는 나만의 언어, 나만의 영화 언어를 개발하고 있었다"라고 타르는 말한다. "나는 파고 또 파고 들어갔으며 (...) 〈토리노의 말〉에 이르러 나는 완성에 도달했다. 할 말은 끝났다. 나는 내 영화 언어를 무언갈 반복하는 데 사용하고 싶지 않다. 그럴 수 없다. 나는 지루해지고 싶지 않다."[15]

Jeremy Carr
「Sense of Cinema」 - Tarr, Bela

1   Eric Kohn, "An Interview With Béla Tarr: Why He Says 'The Turin Horse' Is His Final Film," IndieWire, (February 2012)

2   Ben Croll, "Béla Tarr Speaks: The Retired Hungarian Director Explains Why He Shut Down His Film School Project," IndieWire, (December 2016)

3   Rancière, Jacques, Béla Tarr, The Time After. (Minneapolis, MN: Univocal Publishing, 2013.), p. 4.

4   Kovács, András Bálint. The Cinema of Béla Tarr: The Circle Closes. (New York: Columbia University Press, 2013.), p. 18

5   Kovács, p. 20.

6   Kovács, p. 20.

7   R. Emmet Sweeney, "Interview: Béla Tarr, the Complete Works," Film Comment, (February, 2012)

8   Fergus Daly and Maximilian Le Cain, "Waiting for the Prince – An Interview with Béla Tarr," Senses of Cinema, (February, 2001)

9   Kovács, p. 99.

10   Kovács, p. 155.

11   Kovács, p. 160.

12   Sweeney.

13   Kovács, p. 99.

14   Kovács, p. 99.

15   Geoffrey Macnab, "Béla Tarr interview: why he won't return to feature filmmaking," Screen Daily (January, 2017.)

헝가리 개혁 공산주의 사회 현실과 인간을 향한 영화적 응시 :

벨라 타르 초기 작품 세계(1978~1985) *

유창연(영화 연구자)·정태수(한양대학교 교수)

헝가리 영화는 1947년 헝가리 인민공화국의 수립과 1956년 민중혁명의 과정을 거치면서 자신들의 역사와 민족, 사회적 현실을 독자적인 기법으로 담아내면서 그 특징을 형성해왔다. 얀초 미클로시(Jancso Miklos, 1921~2014), 사보 이슈트반(Szabo Istvan, 1938~) 등으로 대표되는 헝가리 감독들과 이들의 영화들은 국제적인 각광을 받으면서 세계 영화사에 헝가리 영화의 특징을 각인시켜왔다.[1] 이후 1970년대 헝가리 영화는 이전과는 다른 새로운 경향의 출현을 맞이했다. 역사와 현실에 대한 발언을 알레고리를 통해 우회적으로 표현하던 이전의 경향과는 달리, 보다 직접적으로 동시대 헝가리의 사회 현실과 이에 대한 문제 제기를 담아낸 영화 경향이 출현하기 시작했다.

이러한 흐름 가운데 등장한 가장 주목할 만한 영화감독으로 벨라 타르를 꼽을 수 있다. 1978년 단편 〈호텔 마녜지트〉와 이듬해인 1979년 단편 〈시네마르크시즘〉[2], 첫 장편영화 〈패밀리 네스트〉를 시작으로 2011년 스스로 은퇴작으로 선언한 〈토리노의 말〉과 2017년 연출한 단편 〈무하메드〉, 2019년 단편 다큐멘터리 〈잃어버린 사람들〉에 이르기까지, 총 9편의 장편영화와 5편의 단편영화, 1편의 TV 영화와 2편의 다큐멘터리를 연출한 그는 헝가리의 경계를 넘어 점차 자신만의 확고한 작품 세계와 영화 미학을 구축한 감독으로 자리매김했다.[3]

이러한 그의 필모그래피는 크게 두 시기로 구분된다. 영화이론가 코바치 안드라시 발린트에 따르면 장편 데뷔작인 〈패밀리 네스트〉(1979)에서 〈불안한 관계〉(1982)까지를 첫 번째 시기(First period)로, 이후 〈파멸〉(1988)에서 〈토리노의 말〉(2011)까지를 두 번째 시기(Second period)로 구분한다. 전자는 '시네마 베리테(Cinema Verite)' 혹은 다큐멘터리의 경향을 띠는, 이른바 '사회적 리얼리즘(Social Realism)'으로 불리는 영화들이며, 후자는 흑백 화면과 극단적인 롱테이크 기법 등으로 대표되는 형식주의적인 영화들이다.[4] 이러한 코바치의 벨라 타르 필모그래피 및 시기 구분은 소설가 크러스너호르커이 라슬로가 각본가로 참여하면서 타르의 영화들이 문학적 토대를 갖게 된 점과 더불어 형식적인 차원에서 그의 작품들이 커다란 변화를 드러내기 시작한 이전과 이후를 기준으로 하고 있다. 이와 같은 필모그래피 및 시기 구분은 타르 영화의 특징적인 변화를 뚜렷하게 규정하지만, 타르 영화에 관한 논의가 주로 형식적 측면 위주로 전개되었다는 한계가 있다.

	환경 (Environment)	캐릭터 (Characters)
첫 번째 시기 (First Period)	사실주의자 (Realist)	사실주의자 (Realist)
〈가을〉 (1984)	시적(Poetic)/ 서정적(Lyrical)	사실주의자(Realist)
후기 (Second Period)	사실주의자(Realist)	시적(Poetic)/ 서정적(Lyrical)

[표] 코바치 안드라시 발린트의 벨라 타르 필모그래피 시기 구분

하지만, 그의 필모그래피 전체를 관통하는 일관된 테마는 감독 스스로가 밝힌 대로 '현실과 세상', 그리고 '인간의 존엄성'이다. 타르는 자신의 영화들이 근본적으로 '인간의 존엄성'이라는 주제를 '현실을 보여주면서 동시에 깊이를 보여주는', 즉 '직접적으로 보이는 것과 우리가 믿고 있는 것들의 관계를 표현한 것'이라고 말한 바 있다.[5] 그런 의미에서 당시 헝가리 개혁 공산주의 사회과 인간의 모습에 주목하고, 이를 담아낸 벨라 타르의 초기 작품들에 특히 주목할 필요가 있다. 1970년대 중후반에서 1980년대 초중반

헝가리의 개혁 공산주의 시기에 제작된 타르의 초기작 영화들은, 이른바 '사회적 리얼리즘' 경향을 띠는 가운데 일상 현실과 그 이면에 존재하는 '사회적 조건'을 탐구하는 영화들로 당대 헝가리인의 구체적인 일상 현실은 물론, 이와 맞물린 사회 현실을 밀접하게 반영하고 있었다. 이 시기 작품 분석을 통해 타르의 작품 세계 전반을 관통하는 주제 의식은 물론, 이것이 그의 필모그래피 가운데 어떻게 차별화된 내용과 영화적 특징을 형성했는지 구체적으로 살펴볼 필요가 있다.

지금까지 벨라 타르에 대한 연구로는 대표적으로 그의 영화를 시간성의 측면에서 논한 자크 랑시에르(Jacques Ranciere)[6], 필모그래피를 '순환(Circle Close, The Permutation Principle)'의 개념으로 규정한 코바치 안드라시 발린트[7], '슬로우 시네마(Slow Cinema)'의 측면에서 논한 아이라 자페(Ira Jaffe)[8], 클라라 오르반(Clara Orban)[9]이 있다. 이렇듯 대다수 벨라 타르 감독론 연구는 주로 그의 스타일에만 집중되어있는데, 이러한 경향은 벨라 타르의 필모그래피 전반을 관통하는 주제 의식과 작가적 면모의 변화를 특정 시기의 몇몇 작품과 형식 미학의 측면에서만 논의하고 있다는 한계를 보여준다. 국내에서도 벨라 타르와 그의 작품들에 대한 주목은 꾸준히 이루어져온 편이다. 하지만 〈사탄탱고〉와 〈토리노의 말〉 등의 몇몇 특정 개별 작품에 국한되어있으며[10], 그의 필모그래피

전반을 총체적으로 다룬 연구, 특히 초기작 영화들과 관련한
논의들은 찾아보기 어려운 실정이다.

이 글에서는 벨라 타르가 본격적인 작품 활동을 시작한
1978년부터 1985년까지 시기 및 범위를 확대하여 단편 〈호텔
마네지트〉, 〈시네마르크시즘〉, 장편 〈패밀리 네스트〉,
〈아웃사이더〉, 〈불안한 관계〉, 〈가을〉까지 총 6편의 영화를
대상으로 이들 작품에서 드러나는 주제 의식과 영화적 특징을
규명한다.[11] 그리고 이들 영화가 제작된 실제적인 배경이 되는
1970년대 중후반부터 1980년대 초중반 시기 헝가리 사회주의 개혁기
사회 현실이 각 작품들에 어떻게 투영되었으며, 이것이 어떠한
영화적 표현 기법을 통해 나타났는가 구체적으로 살펴본다.

헝가리 개혁 공산주의 시기 영화 제작의 토대

1955년 헝가리 페치에서 태어난 벨라 타르는 부다페스트에서
성장기를 보내고 10대 후반인 1970년대 중반 영화계에 입문, 24세인
1979년 첫 장편영화 〈패밀리 네스트〉가 같은 해 독일 만하임-
하이델베르크국제영화제(Internationales Filmfestival Mannheim-
Heidelberg) 그랑프리를 수상한 것을 계기로 헝가리 부다페스트
영화학교에 진학하여 본격적인 영화 공부와 작품 활동을 이어갔다.

이러한 그의 이력과 함께 이 시기 그의 영화들이 지닌 특징들을
규명하기 위해서는 동시대 헝가리의 정치 사회적 흐름을 비롯한
영화적 경향을 먼저 살펴볼 필요가 있다. 1953년 스탈린 사망 이후
너지 임레(Nagy Imre, 1896~1958)로 대표되는 헝가리의 탈소련,
탈스탈린화 정책은 헝가리 내 정치적 다원화의 흐름을 가져왔다.
하지만 이후 소련은 1955년 3월 너지 임레를 실각시키면서 친소련,
친스탈린주의에 가까운 라코시 마차시(Rakosi Matyas, 1892~1971)
정권 수립에 관여한다. 이에 크게 반발한 헝가리 민중들은 이듬해인
1956년 2월 라코시 정권에 저항하는 '민중혁명'을 시도했다.
하지만 혁명은 실패로 돌아갔고, 이후 카다르 야노시(Kadar Janos,
1912~1989)가 집권하면서 헝가리는 체제 안정과 함께 민중에 대한
여러 가지 유화정책을 시행했다.[12] 특히 '카다리즘(Kadarism)', 이른바
'굴라시 공산주의(Goulash Communism)'로 대표되는 1968년 '신경제
메커니즘(NEM, New Economic Mechanism)'의 도입은 헝가리의
경제 체제를 이전보다 유연한 형태로 변화시켰고, '헝가리가
주변 사회주의 국가보다 경제적으로 풍요로움을 구가할 수 있는
동력'으로 작용하는 '사회주의적 통치 방식'으로 이어졌다. 그리고
이러한 신경제 메커니즘은 헝가리의 정치적 자유화 정책과 더불어
사회주의 계획경제체제를 보완하기 위한 논의가 활성화되는 계기로
작용하면서 헝가리 경제체제는 스탈린식 사회주의 계획경제에서

상당히 이탈하게 되었다.[13]

이 시기 헝가리의 경제적 변화로 인해 새로운 소비사회 형성과 유화된 사회 분위기가 나타나기 시작했다. 헝가리 경제 당국은 대중의 소비 욕구 충족을 경제정책의 우선순위로 삼았고[14], 이러한 정책 방향으로 인해 통제와 감시는 헝가리 사회주의의 지도층인 관료와 노동자 조직의 지도계급 등 핵심 계층에게만 적용되었다. 즉, 특권적 위치에 있던 당 간부보다 일반 국민이 더 자유로운 상황이 나타났다.[15] 실제로 1968년 신경제 메커니즘의 시행 이후 1971년에서 1980년 사이 헝가리의 연평균 국민소득 성장률은 1971년 7%, 1972년 4.7%였다가 1973년 7.1%, 1974년 7.5%로 증가세를 보이더니 1975년 6.2%, 1976년 2.9%, 1977년에는 무려 8.5%에 이를 정도로 안정된 회복세를 유지했다.[16]

하지만, 이러한 신경제 메커니즘의 경제체제는 1970년대 후반과 1980년대 초반에 이르러 점차 한계를 드러내기 시작했다. 단적으로 1977년 이후 헝가리의 소비자 가격 상승률은 1977년 3.9%, 1978년 4.6%, 1979년 8.9%, 1980년에는 9.2%로 급격히 상승했다.[17] 게다가 헝가리의 경제 불균형의 심화와 이로 인한 사회·경제적 격차 확대는 헝가리 대중의 평등에 대한 열망을 자극하는 기폭제로 작용했다.[18] 그리고 이는 '사회주의 평등 사회 체제 내 공동의 가치관 와해', '가정생활 파탄, 청소년 문제, 높은 이혼율, 그리고 알코올 중독자

급증 등의 많은 사회 문제' 등과 같은 현상으로 뚜렷하게 나타나기 시작했다.[19]

한편, 이러한 분위기 속에서 카다르 정권이 추진한 자유화 노선은 헝가리 사회 내 비판적 지식인 세력과 재야 세력의 등장을 야기하고 이들의 정치적 자유와 표현의 자유를 일시적으로 허용했다. 카다르는 사회주의 체제는 유지한 채 경제 개혁과 사회의 자유화를 조금씩 실천해나갔으며, 사회주의 근본 이데올로기, 정치문제, 소련과의 관계에 대한 비판은 금기사항으로 정하는 대신 그 외 분야에 관한 언론의 비판적을 상당히 허용하는 등의 자유화 정책을 시행했다. 그 결과 헝가리 국민은 이러한 변화와 자유에 익숙해졌고, 혁명으로 체제를 바꾸려는 시도가 거의 나타나지 않았다.[20] 그러나 1980년대 중반에 이르면 이러한 카다르식 경제 개혁의 한계와 정치적 문제점이 헝가리 사회 전반에 차츰 드러나기 시작한다.[21]

1970년대 중후반에서 1980년대 초중반 시기 헝가리 사회는 1968년 '신경제 메커니즘'의 시행과 그로 인한 헝가리의 사회 변화를 야기한 개혁 공산주의의 흐름 속에서 규정되었다. 당시 헝가리는 기존의 사회주의 틀에서 벗어나 점차 유연한 형태의 변화를 맞이하면서 경제적 풍요를 누렸고, 이는 이 시기 헝가리 대중의 인식과 일상의 변화를 가져오며 이전과는 다른 새로운 노동 계층의 등장을 견인했다. 이제 노동자층은 이전과는 달리 정치적으로는 수동적이며, 자신들의 계급의식과 생산성, 효율성을 고려하는 대신 최소의 노력으로 최대의 이익을 얻기 위해 수단과 방법을 가리지 않고 자신의 생존을 도모하는 가치관을 서서히 내면화하기 시작했다.[22]

이와 같은 헝가리 개혁 공산주의 시기의 사회·경제적 흐름은 동시대 헝가리 문화예술의 창작 경향에도 일정 부분 영향을 끼쳤다. 문학의 경우, 1970년대 헝가리 문화가 다시 유럽 문화 속으로 연결되기 시작하면서 집단적인 특징을 없앤 개인적인 특징이 발로되었을 뿐만 아니라 다양한 이데올로기 수용이 가능해졌다. 당의 문화 정책에 위반된다는 이유로 작가를 구금하고, 작품을 판금시키는 일이 많았던 이전과는 달리, 1980년대 이후 문학 활동에 대한 탄압과 감시가 점차 느슨해지며 작가들도 강압적인 노선을 따르지 않고 다양한 내용과 형식을 담은 작품들이을 자유롭게 발표하기 시작했다.[23]

개인과 자율에 주목한 이 시기 헝가리 문화 예술의 창작 경향은 영화 또한 예외가 아니었다. 특히 1959년 헝가리의 영화이론가 발라즈 벨라(Balazs Bela, 1884~1949)의 이름을 따서 설립된 '발라즈 벨라 스튜디오(Balazs Bela Studio, BBS)' 소속의 영화인들로 이뤄진 창작 집단은 기존의 영화 제작 경향과 정부의 개입에서 벗어나

다양한 독립영화와 실험영화 제작을 시도하며 헝가리 영화의 발전을
견인했다. 헝가리 연극영화아카데미 졸업생과 아마추어 영화
창작가가 주축이 된 발라즈 벨라 스튜디오의 등장은 헝가리에서
정부의 개입으로부터 비교적 독립성을 유지하면서 영화를 만들 수
있는 기회가 보장되었음을 의미했다.[24]

1963년 첫 번째 극영화를 제작한 이래로, 발라즈 벨라 스튜디오의
영화 제작은 크게 실험영화와 다큐멘터리적 경향의 영화들로
나타났다. 갈 이슈트반(Gaal Istvan), 노박 마르크(Novak Mark),
사라 샨도르(Sara Sandor), 토트 야노시(Toth Janos) 등의 감독들이
주축이 된 실험영화에 이어, 그로테스크하고 서정적인 방법으로
현실의 이미지를 그려내는 다큐멘터리적인 실험작이 발라즈 벨라
스튜디오의 주된 영화적 경향을 이루었고, 이후 헝가리 사회와
역사의 이면을 다룬 다큐멘터리 영화들이 등장하면서 이들의
영화는 점차 사회학적 기록의 성격을 보이기 시작했다. 이와 같이
1960년대 중후반을 기점으로 발라즈 벨라 스튜디오의 영화들은
극영화에 다큐멘터리적인 소재를 사용하는 접근 방식을 통해 과거는
물론, 동시대 헝가리 사회와 현실에 대한 분석을 시도했다.[25] 이른바
'부다페스트 학파(Budapesti Iskola)'로 불린 이 그룹의 영화들은
'의사(擬似)/유사 다큐멘터리(quasi-documentary)'[26]로 지칭되었다.
이전의 헝가리 감독들이 '민족과 역사' 같은 무거운 소재를 다양한

알레고리로 다루었던 것과는 달리, 동시대 헝가리 사회가 직면한 현실 이면을 극영화와 다큐멘터리의 혼합을 통해 다루었기 때문이다. 그렇게 이들의 영화는 다양한 시선으로 '카다리즘'으로 대표되던 당시 헝가리 사회의 경제 성장과 변혁, 그 이면에 존재하는 개인과 일상의 문제를 다뤘다.[27]

벨라 타르의 영화계 입문과 작품 활동은 헝가리 개혁 공산주의 시기의 사회적 현실을 바탕으로 하는 동시대 헝가리 영화 경향과도 깊은 관련이 있었다. 16세에 아마추어 영화 제작을 시작한 그는 당대 헝가리 지식인과 예술가가 주축이었던 마오주의 그룹 활동을 통해 사상적 자양분을 얻었다. 동시에 장뤽 고다르(Jean-Luc Godard, 1930~2022)의 '지가 베르토프 그룹(Dziga Vertov Group)'에서 착안해 '지가 베르토프'라는 서클을 결성하고, 고등학생 신분으로 조선소 노동자로 일하면서 이들의 일상을 담은 다큐멘터리 〈이주 노동자〉를 발표해 아마추어 영화제에서 두각을 나타내기도 했다.[28] 이러한 타르의 영화계 입문 이력과 활동은 이 시기 그의 영화들이 헝가리 개혁 공산주의 시기와 밀접한 영향이 있었음을 말해준다. 따라서 그의 초기작들은 인간과 사회에 대한 사실적이고 직접적인 탐구를 드러내는 '사회적 리얼리즘'의 경향을 띠었고, 그의 초기작에는 동시대 헝가리 민중이 당면한 현실과 이에 대한 비판적 시선이 주요한 테마로 반복 등장한다.

사회적 현실과 체제 이면의 응시

벨라 타르 초기 영화들이 공유하는 핵심 요소는 당대 헝가리
사회와 그 이면을 드러내는 것이었다. 특히 헝가리 노동계급 및
하층민을 비롯해 사회 주류에 편입되지 못한 인물들을 내세워
그들이 마주하는 노동과 주거, 빈곤 등 사회 문제와 인간다운 삶의
기본 조건, 그리고 이를 결정하는 구조적인 문제들을 직·간접적으로
다루었다. 이러한 특징은 1978년 제작된 단편 〈호텔 마녜지트〉와
이듬해인 1979년 제작된 단편영화 〈시네마르크시즘〉, 장편영화
〈패밀리 네스트〉에서도 나타난다.

단편 〈호텔 마녜지트〉는 부다페스트의 어느 노숙자 합숙소에
수용 중인 노인 세페시에게 추방 명령이 전달되는 장면으로
시작한다. 세페시는 '이 합숙소에서 18개월 동안 머물렀지만 사소한
말다툼 외에 문제를 일으키지 않았고, 합숙소 규칙을 잘 지켰다'고
말하면서 합숙소 관리인에게 항변한다. 그러면서 세페시는 다른
동료들을 향해 전에 함께 모터를 훔쳤던 일을 언급하며 상황을
모면하려 한다. 합숙소 동료들은 과거 그의 절도 행각과 채무
문제를 거론하며 분개하는 세페시를 외면한다. 영화는 이를 통해
동시대 헝가리 사회 이면에 존재하는 하류층의 현실과 제도적

모순을 묘사한다. 과거 전쟁에 참전했던 공군 조종사였지만 빈곤에 허덕이며 절도를 저지르는 사회 하류층으로 전락한 주인공 세페시, 그리고 그의 합숙소 동료들이 보이는 배타적이고 이기적인 모습은 최소한의 인간적인 삶조차 보장되지 않는 헝가리 사회의 냉혹하고 모순적인 단면을 묘사하며 문제를 제기한다.

타르의 두 번째 단편 〈시네마르크시즘〉은 호텔 방 욕실에서 대화하는 광고 모델 아내와 그의 남편의 이야기를 통해 노동과 자본에 대한 인식 문제를 다루고 있다. "인간과 인간의 즉각적이고 자연적이며 필연적인 관계는 남자와 여자의 관계이기도 하다. 이 자연종 관계에서 인간과 자연의 관계, 인간과 인간의 관계, 자연과 자연적 기능과의 관계, 이 관계에서 인간의 전체적인 발전 수준을 평가할 수 있다"[29]라는 칼 마르크스(Karl Marx)의 말이 자막으로 등장하고, 영화는 욕실에서 함께 목욕하는 젊은 부부의 대화로 전개된다. 남편은 자신이 '광고 모델인 아내가 몸을 팔고 다닌다'는 험담을 들어야 한다며 아내를 비난한다. 하지만 아내는 '돈을 위해' 광고 모델 일을 그만둘 수 없다고 이야기한다. 아내는 남편에게 '나는 파불론 샴푸 광고 모델로 출연하면서 많은 돈을 벌고 있고, 광고 스태프들은 더 좋은 광고를 만들기 위해 서양의 신문들과 펩시 광고를 보면서 신선한 아이디어를 얻는다'고 말한다. 그러면서 남편에게 '드레스와 신발을 사는 이러한 생활을 유지하는데 당신은 그 돈을 감당할 수 없을 것'이라고 하면서 남편과의 대화를 '짜증에 가깝게 느낀다'고 말한다. 영화는 광고 모델인 아내와 그의 남편, 이들이 머물렀던 호텔 욕실을 청소하는 중년 호텔 청소부 여성의 모습을 통해 물질적 삶과 자본주의적 현실, 그리고 노동과 삶에 관한 문제를 언급한다. 남편은 아내가 광고하는 파불론 샴푸가 만들어지는 공정 과정을 이야기하면서 '고용주와 노동자의 관계는 마치 주식 투자 같은 것이라 생각한다'고 말하고, 두 번이나 실패한 과거 자신의 결혼 생활을 이야기하면서 '아내들은 봉투가 얇아질수록 사랑의 양은 낮아지고, 봉투가 두꺼울수록 사랑의 지수는 높아진다'고 말한다. 그리고 영화 후반부, 이들이 머물렀던 욕조를 청소하는 청소부는 과거 자신을 박대했던 남편과의 불화, 가족을 위해 끊임없이 청소 노동을 해야 했던 고단한 자신의 삶, 그리고 공산당 동지들을 위해 일했다는 과거 경험을 이야기한다. 이처럼 타르는 각기 다른 이야기를 하고 있는 세 인물의 모습을 비추면서, 헝가리 사회와 사람들 사이에 스며든 노동과 자본에 대한 인식과 자본주의의 풍경을 묘사하고 있다.

당대 헝가리 노동계급 혹은 하류층이 마주하는 사회 현실의 단면을 다룬 두 단편 작품에서 공통적으로 나타나는 것은 영화 속 인물들이 드러내는 현재와 과거에 대한 인식이다. 〈호텔 마녜지트〉에서 주인공 세페시는 합숙소 동료들에게 자신이 과거

공군사관학교를 졸업한 참전 장교였다는 사실을 털어놓는다.
그러면서 세페시는 이 사실을 믿지 않고 자신을 쫓아내려는 합숙소
동료들에게 '내가 나라를 위해 싸울 동안 너희들은 무엇을 했느냐'고
되물으면서 자신이 국가와 군대를 위해 헌신한 사람임을 시종
내세운다. 하지만 동료들은 채무 문제를 들어 그를 경제적으로
무능력하고 부정직한 사람으로 낙인찍어 합숙소에서 쫓아내려 한다.
〈시네마르크시즘〉의 후반부에 등장하는 중년 여성 청소부 역시 호텔
청소를 비롯한 갖은 노동을 한 것이 과거 자신이 몸담았던 공산당과
동지들을 위한 것이었다고 털어놓는다. 이와 같은 영화 속 묘사는
이념과 이에 대한 헌신으로 대표되는 과거의 가치가 더 이상 뚜렷한
의미를 갖지 못하고 생존과 이익이 당대 헝가리인들의 인식과 삶
속에서 우선적 가치로 자리 잡는 현실의 모습을 포착한 것이다.

　　동시대 헝가리 사회 현실 문제에 대한 시선은 타르의 첫
장편영화 〈패밀리 네스트〉에서 보다 직접적이고 비판적으로
제시된다. 1975년 부다페스트에 사는 한 노동계급 일가족의 이야기를
다룬 이 영화는 도입부에서부터 "이 이야기는 실화다. 배우들에게
일어났던 일은 아니지만 충분히 일어날 수도 있는 일이다"라는
자막을 통해 실제 헝가리 사회의 현실에 토대하고 있음을 강조한다.
이어서 영화는 주택가 골목의 쓰레기를 쪼아먹는 닭들의 모습,

골목을 걸어가는 주인공 여성 이렌의 뒷모습과 커다란 주택의
모습을 대비시키는 첫 장면을 통해 그녀가 겪는 현실적인 문제가
주거와 관련있음을 암시한다. 이후 영화는 이렌의 출근, 일터인
살라미 공장에서 일하는 모습, 퇴근까지의 모습을 보여주고,
시부모의 좁은 아파트에서 딸과 함께 얹혀살면서 식구들과
저녁 식사를 하는 일상적 풍경을 제시한다. 이 영화에서 이렌의
노동 환경은 안정적이지 못한 공간으로 묘사된다. 영화 초반부,
이렌이 일하는 살라미 제조 공장은 열악하고 폐쇄적인 공간으로
묘사되며, 공장 퇴근 역시 직원들의 철저한 물품 검사와 감시 속에서
이루어진다.

영화에서 이렌과 그의 가족은 그들이 직면한 주거와 일자리
문제를 직접 언급한다. 영화 초반부, 식사 중인 이렌의 가족은
헝가리 정부와 공산주의 청년동맹 중앙위원회가 팍스 원자로 건설을
논의할 것이라는 TV 뉴스 보도를 본다. TV를 보던 시아버지는
이렌에게 '원자로 건설 현장 일자리나 알아보는 게 어떻겠냐'는 말을
건넨다. 그러자 이렌은 '저기는 모두 남자들의 일자리'라며 '저기서
일하는 남성 근로자들에게는 집을 주면서 정작 필요한 사람에게는
집을 주지 않는다'고 하소연을 한다. 그러면서 이렌은 '아버님이나
저곳 일자리를 알아보시라'라며 시아버지에게 응수한다. 이러한
장면은 당시 헝가리의 경제 발전과 사회 변화에 따른 혜택이 주인공

이렌과 같은 노동자 계급 여성에게는 주어지지 않는 현실에 대한 비판적인 시선을 드러낸다. 그러면서 영화는 주인공 이렌 부부와 가족이 처한 문제가 헝가리의 모순된 사회 보장 제도와 무관하지 않음을 보여준다. 이는 영화 중반부, 이렌이 주택 지급 신청을 위해 부다페스트의 주택 공급 업무를 담당하는 주택청을 찾는 장면에서 분명하게 드러난다. 관공서 주택 공급 담당 직원과 마주한 이렌은 '임시 주택에서라도 살게 해달라'며 간청하지만, 직원으로부터 '올해는 지급할 주택이 없다'라는 대답만 듣는다. 그러자 이렌은 직원에게 '책상에만 앉아있어서 모른다'며 '가족 계획, 육아, 결혼에 관한 사회 정책을 내세우면서 지속적으로 공급할 주택이 부족하다는 말은 이해할 수 없다'며 직원과 말다툼을 벌인다. 하지만 이렌은 직원으로부터 같은 말을 반복해서 들을 뿐, 결국 아무런 소득 없이 관공서를 나온다. 이후 주거 문제를 해결할 아무런 대책을 찾지 못한 이렌 부부는 결국 파국을 맞눈다. 영화 속 묘사된 주거 문제는 1975년 시행된 헝가리 부다페스트의 도시 및 주택 계획과 연관되어 있었는데[30], 영화는 주인공 이렌과 그의 가족이 처한 주거 문제와 갈등을 통해 헝가리 사회의 경직된 관료제적인 풍경은 물론, 사회주의 정책과 제도가 지닌 근본적인 모순을 보여준다.

영화 속 등장인물들이 처한 일상적 갈등에 동시대 헝가리 사회 현실의 모순을 결합하는 방식은 〈불안한 관계〉에서도 확인할 수 있다. 이 영화는 부다페스트의 조립식 아파트에 사는 한 젊은 부부의 일상과 불화를 다루고 있다. 공장 변전실에서 근무하는 노동자인 남편 로비는 더 나은 벌이를 위한 일자리를 찾는다. 하지만 아내 유디트는 그런 남편에게 '집안일과 가족에 무관심하다'며 자주 불만을 표출한다. 영화는 이 부부의 불화와 갈등 너머로 산업·자본주의화가 진행 중인 동시대 부다페스트의 풍경을 보여준다. 이는 주인공 로비 부부가 사는 조립식 아파트 단지의 모습을 통해서도 나타난다. 〈불안한 관계〉에 등장하는 아파트는 1970년대 말에서 1980년대 초 소련의 지원으로 헝가리 부다페스트 외곽에 건축된 대규모의 조립식 콘크리트 아파트로, 이 시기 헝가리 중산층 및 서민들이 입주를 원하던 매우 낮은 품질의 주거 형태다. 영화의 마지막 장면, 로비 뒤로 우뚝 솟은 부다페스트 공장 굴뚝과 아파트 단지, 새 세탁기를 트럭 짐칸에 싣고 오는 부부의 모습은 헝가리 사회주의에 침투한 자본주의 현실의 풍경을 그대로 드러내고 있다.

이 영화들은 공통적으로 아파트라는 도시적 공간을 통해 당대 헝가리의 소비 문화와 경제적 풍요, 자본주의를 은유한다. 타르의 초기작 속에서 반복 등장하는 공간인 아파트는 주인공들이 원하는 일상적이고 인간다운 삶을 위한 터전이자 안락한 주거 장소가 아니다. 타르는 아파트를 매일 지겹도록 반복되는 일상적인 갈등의 공간이자 좁고 숨 막히는 폐쇄적인 분위기의 공간으로 묘사하며

당대 헝가리의 사회적 현실을 비춘다.[31]

　한편, 〈아웃사이더〉는 정신병원 간호사, 바이올린 연주자, 공장 일용직 노동자, 클럽 DJ 등 여러 직업을 전전하는 알코올 중독자인 청년 안드라시가 일하는 부다페스트 공장 장면으로 동시대 헝가리의 사회 현실을 묘사한다. 영화 후반부, 안드라시와 노동자들이 모여있는 자리에서 공장주는 공장의 업무 규칙을 이야기한다. 공장주는 '작년에 많은 외국 기계들이 도입되면서 공장의 생산성이 150%에서 160% 가까이 증가했지만, 이러한 생산성의 향상이 노동자들의 급여 측면에서 거의 재앙에 가깝게 되었다'며 노동자들에게 보너스를 지급할 수 없다고 말한다. 그러면서 공장주는 '노동자들이 사회적인 이익을 얻을 수 있는 서비스가 점차 마비되고 있다'고 하면서 안드라시를 비롯한 노동자들에게 각자 공장 규칙을 준수하고 일정한 생산 속도로 일할 것을 당부한다. 이 장면에서 타르는 공장 작업반장의 이야기를 듣는 청년과 중장년층이 뒤섞인 여러 노동자의 얼굴을 차례대로 비추며 영화 속 공장 노동자들이 처한 노동 환경의 모습을 묘사한다. 이는 이후 '이 나라를 떠나고 싶다. 부다페스트에서 더 이상 살고 싶지 않다'고 말하는 안드라시의 푸념과도 연결되면서 동시대 헝가리 노동자들의 열악한 현실 일면을 비판적으로 드러낸다.

　한발 더 나아가, 타르는 이러한 영화 속 풍경 가운데 당대 헝가리라는 국가와 체제, 혹은 사회 지도층을 향한 시선을 직간접적으로 드러내기도 한다. 이는 〈패밀리 네스트〉의 중반부, 이렌의 아들 얀치카가 학교에서 깨뜨린 헝가리 국장(國章) 문양이 그려진 유리 액자를 집으로 가져와 붙이는 장면에서 엿볼 수 있다. 이렌은 유리 액자를 붙이며 "등교 첫날 벽에 걸다가 성질이 급해서 깼나봐요 (…) 선생이 붙이라고 들려 보냈대요. 새것을 사려면 돈 들어요. 그럴 돈이 어딨어요"라고 푸념한다. 그러면서 카메라는 헝가리 국장 문양이 새겨진 유리 액자를 롱테이크 숏으로 비추는데, 헝가리를 상징하는 국장 액자가 깨진 것을 비추면서 동시대 헝가리 사회에 대한 우회적인 비판적 시선을 은연중에 내비친다.

비슷한 맥락에서 〈아웃사이더〉의 마지막 장면 또한 주목할 필요가 있다. 이 영화는 말미에 안드라시가 군대에 징집되었다는 것을 연인인 카타에게 알리고 난 후, 국가 간 친선을 다지는 지역 정치인들의 만찬 자리를 비춘다. 정치인들은 '시민들을 대표하여, 문화 사회 스포츠의 모든 분야에서 우정의 잔을 들고 싶다'는 말과 함께 건배한다. 언뜻 전체적인 영화 흐름과 무관해 보이는 이 장면에서 타르는 만찬 자리에 놓인 헝가리 국기와 슬로베니아 국기를 함께 비춘다. 이는 사회에 적응하지 못하고 자신의 생활에 안착하지 못하는 안드라시의 개인적 내면과 그가 추구하는 자유로운 삶이 동시대 헝가리 지도층이 추구하는 바와는 무관하다는 사실을

역설적으로 드러낸다. 동시에 이들이 술을 마시고 즐거운 시간을
보내는 모습을 자연스럽게 비추면서, 안드라시보다 높은 사회적
지위와 문화적 수준을 가지고 있는 이들 또한 헝가리 사회 속에서
일상적인 모습을 가진, 안드라시와 크게 다르지 않은 사람임을
보여준다.[32]

한편 〈불안한 관계〉는 헝가리 국가 및 사회주의 체제를 향한
비판적 시선이 인물의 대사를 통해 보다 직접적으로 나타난다. 영화
초반부, 주인공 로비는 텔레비전에서 흘러나오는 사회자의 이야기를
자신의 어린 아들에게 설명해 준다. 로비는 '인간은 어떤 사회에
속해있다'며 원시사회, 농노 봉건사회, 산업화된 초기 자본주의
사회와 사회주의, 공산주의 사회로 이어지는 마르크스의 역사 발전
단계를 설명해 준다. 그러면서 로비는 아들에게 '사회주의는 일한
만큼 받고, 공산주의는 모두에게 필요한 만큼 돌아간다'고 말하면서
'자본주의와 사회주의가 공존하고 있고, 우리가 더 발달했지만
때로는 자본주의 경제가 더 강하다'는 말을 자조적으로 내뱉는다.
이처럼 타르는 자신이 살고 있는 헝가리 공산주의 사회 체제를
비관하는 주인공 로비의 모습을 전면에 세우며 비판적인 시선을
내비친다.

이처럼 벨라 타르의 초기작들은 1970년대 중후반에서 1980년대
초중반 개혁 공산주의 시기 헝가리 사회의 현실과 체제의 이면, 이를

마주한 헝가리인들의 일상 단면을 보여준다. 또한 동시대 헝가리의 경제적 풍요 그 이면에 있는 소외된 노동 계층 및 하층 소시민들이 마주하는 주거와 노동 문제, 자본주의가 침투한 경제적 현실을 비롯하여 개인과 가족 공동체, 혹은 개인과 사회 체제 사이의 갈등을 표출한다. 그리고 타르의 초기작 속에 투영된 동시대 헝가리의 풍경은 개인 내면과 이를 둘러싼 다양한 묘사를 통해 구체적인 인간 탐구로 이어진다.

소외와 불안의 인간을 향한 탐구

벨라 타르 영화에서 두드러지는 또 다른 특징은 일상과 현실 속 구체적이고 개별적인 인간의 모습에 주목하고 있다는 점이다. 이와 관련하여 타르는 자신의 영화 속 인물들에 대해 다음과 같이 언급한 바 있다.

"(…) 내 영감의 원천은 언제나 현실과 세상이었다. 나에게 영화제작은 세상을 발견하고 이해하는 방식이다. 감독에게는 카메라를 잡는 순간 현실을 발견하고 이에 반응할 책임과 의무가 생긴다고 생각한다. (…) 부르주아의 단순하고 고루한 삶보다는 빈민층의 삶이 훨씬 더 흥미로웠다. 사람들은 빈민층을 보고 추하고 냄새난다고 말하지만 그렇지 않다. 그들도 아름답다. 모든 사람은 각자 나름의 아름다움을 지니고 있다. 다만 가난한 사람들은 패셔너블하지 않을 뿐이다. 그들에게서 아름다움을 찾아 사람들에게 보여주고 싶었다."[33]

타르의 언급에서 알 수 있는 것은 인간에 대한 구체적인 탐구가 그의 일관된 목표라는 점이다. 타르는 영화 속 인물들이 지닌 개별성과 구체성에 주목하면서 이들이 처한 사회 현실 속의 다양한 모습들을 부각한다.

그렇다면 벨라 타르 초기 영화 속 인물들을 구체적으로 일별해 보자. 단편 〈시네마르크시즘〉의 샴푸 광고 모델인 주인공 여성, 장편 〈패밀리 네스트〉의 주인공 여성 이렌, 〈불안한 관계〉의 주인공 남성 로비는 모두 부다페스트에 사는 노동자다. 단편 〈호텔 마녜지트〉의 주인공 노인 세페시와 장편 〈아웃사이더〉의 주인공 청년 안드라시와 같이 하류층으로 낙오되거나 주류에 편입되지 못하고 불안정한 생활을 이어가는 인물들도 있다.

이 인물들의 관계는 공통적으로 소외와 불화로 요약 가능하다. 영화 속 인물들은 사회적 환경 속에서, 또는 주변 인물과의 관계에서 인간성의 상실, 소외, 소통 불가를 겪는다. 이는 인물 간의 관계 묘사를 통해 구체적으로 반복된다. 이러한 문제는 개인의 삶을 둘러싼 경제적 불안과 생존의 위협, 그리고 타자를 향한 일상적 폭력과 위선을 통해 묘사된다.

공동체 집단의 갈등과 붕괴는 단편 〈호텔 마네지트〉에서부터 나타난다. 이 영화에서 노숙자 합숙소의 수용자들은 주인공 노인 세페시에게 내려진 강제 퇴거 조치에도 아무도 그를 감싸거나 책임지지 않는다. 오히려 그들은 세페시를 경계하고 범죄 사실을 들추며 이기심과 배타성을 드러낼 뿐이다. 이를 통해 영화는 사회적 약자에게 일상적으로 가해지는 가혹한 폭력을 묘사한다. 이러한 관계는 가족 공동체 내 갈등을 통해 보다 직접적이고 확장된 형태로 나타난다. 단편 〈시네마르크시즘〉 속 주인공 부부의 관계는 '돈을 위한' 경제력과 이해관계로만 묘사된다. 〈가을〉에서도 주인공인 중년 여성 헤디와 아들 야노시는 헤디의 아파트 소유권과 물질적 이익을 두고 다툰다. 영화는 이 갈들을 그들의 일상처럼 묘사한다.

〈패밀리 네스트〉는 이렌을 둘러싼 가족 공동체를 통해 소외와 불안의 모습을 첨예하게 드러낸다. 영화 속 인물 관계는 세 가지 층위로 묘사된다. 먼저 주인공 이렌과 시아버지는 경제적 어려움과 주거 문제로 인해 폭언을 주고받는 게 일상이다. 한편, 이렌의 남편인 라시는 2년 만에 군대에서 제대하고 돌아와 아무런 일자리도 갖지 못한 채 주거 문제로 인한 갈등을 키울 뿐이다. 또한 라시와 그의 아버지의 관계 역시 가부장적인 위계로 묘사된다.

특히 이 영화에서 눈에 띄는 점은 가부장적인 위계, 남성들의 위선과 폭력 가족 외 타자까지 확장된다는 점이다. 이는 주인공 이렌을 둘러싼 남성 인물들이 보이는 가부장적인 권위와 성 편향적인 태도, 이로 인한 폭력적인 행동과 언행을 통해 특히 강조된다. 영화 중반부, 이렌의 시아버지와 남편 라시, 시동생 가비는 이렌이 집으로 초대한 직장 동료인 집시 출신 여성 코바치에게 폭언과 성희롱을 한다. 그리고 라시와 가비는 한밤중 코바치를 거리에서 성폭행한다. 또한 후반부, 시아버지는 이렌이 '외도를 일삼고 행실이 문란하고 정숙하지 못하다'는 이유를 들어 그녀를 집에서 내쫓는다. 하지만 정작 이후 장면에서 이렌의 시아버지는 호프집에서 어느 중년 여성을 성적으로 희롱한다. 이 남성 인물들의 모습을 통해 벨라 타르는 헝가리 사회와 일상 이면에 있는 가부장적인 폭력에 대한 비판적인 시선을 담아낸다.

단절된 가족 관계의 묘사는 〈불안한 관계〉에서도 나타난다. 영화 후반부, 유디트는 자기 주변 다른 부인들처럼 여유 있는 삶을 살기를 원한다. 하지만 로비가 더 나은 일자리와 수입을 위해 2년 동안 루마니아에 공장 파견 근무를 가겠다고 했을 때, 유디트는 가족과 떨어지는 것을 염려하며 남편의 루마니아행을 반대한다. 로비는 유디트에게 '1년 안에 돈을 모아 차를 사고, 2년 안에는 집을 살 수 있을 것'이라며 낙관적인 말을 하지만, 유디트는 남편이 가족들과 떨어져 혼자 2년을 보내야 한다는 사실 자체가 불편하다고 말한다.
그러면서 남편이 가정에 충실해주기를 바라고, 자신의 가사 노동의
고충 역시 알아주기를 바라는 마음을 내비친다. 격한 말다툼 끝에
결국 아내를 설득하지 못한 로비는 공장 담당자에게 루마니아에
가지 않겠다고 하며 그의 계획은 좌절되고 만다. 이처럼 이 영화 속
로비와 유디트 부부는 서로에게 무언가를 기대할 수 없는 관계이자
가족이란 이름으로 예속된 관계이며, 잦은 다툼과 불화로 인해
각자가 자신의 삶을 통제할 수 없는 모습으로 묘사된다.

〈가을〉에서는 이러한 가족 관계와 개인 내면에 대한 묘사가 더욱
극대화된다. 영화는 "감쪽같이 나를 없애 미지의 땅으로 보낼지라도
늘 악마가 주위에서 맴돌고 있으리라"라는 푸쉬킨의 시구절로
시작된다. 이를 통해 타르는 이 작품에서 인간 개인의 내면에 자리한
냉혹하고 이기적이며 탐욕적인 모습을 들여다볼 것임을 암시한다.
영화 속 주인공인 중년 여성 헤디는 아들 야노시와 자신의 아파트
소유권 및 재산을 두고 충돌한다. 이처럼 이 영화는 이해관계로
점철된 다양한 인물 군상과 이들의 관계를 통해 물질과 탐욕으로
붕괴된 인간의 신뢰와 극단적인 본성을 묘사한다.

한편, 〈아웃사이더〉에서 주인공 청년 안드라시는 알코올
중독으로 인해 사회 부적응을 벗어나지 못하는 인물이다.
안드라시의 처지는 그의 여자친구 카타와의 관계를 통해 더욱

강조된다. 안드라시가 바라는 것은 사회가 부과하는 의무와 시선, 예속된 관계에서 벗어나 자유로운 삶을 살며 현재를 즐기는 것이다. 이후 카타가 임신하고, 카타는 안드라시에게 함께 안정적인 생활을 하자고 요구한다. 그러나 안드라시는 결혼과 가족, 경제적 의무를 진 가장이 되어야 하는 자신의 처지를 두고 고뇌에 빠진다. 이처럼 영화 속 안드라시의 모습 또한 사회적 현실과 갈등하는 개인의 내면을 묘사한다.

이처럼 벨라 타르 초기작은 인물을 통해 인간의 가치와 존엄성, 즉 개인과 공동체 및 사회의 관계 속에서 '인간다운 삶이란 무엇인가'에 대해 질문을 던진다는 점에서 일관된 테마를 다룬다. 영화 속 인물들은 현실의 각박함과 자신들이 어찌할 수 없는 사회·경제적인 환경 때문에 기본적인 생활 수준과 인간적이고 행복한 삶을 영위하지 못하는 모습으로 등장한다.[34] 이는 타르가 추구하는 익숙하고 예측 가능해 보이지만 완전히 예측할 수 없는 세계와 인간에 대한 탐구라는 일관된 창작 목표와도 깊이 연관되어 있다.[35]

그렇다면 벨라 타르는 그의 초기작에서 어떤 표현 형식을 활용해 인간을 탐구했을까. 기본적으로 이 시기 벨라 타르의 작품들은 시네마 베리테에 가까운 다큐멘터리적인 접근을 기반으로 하며, 흑백 화면, 핸드헬드 카메라, 줌인/줌아웃, 롱테이크, 비전문 배우

기용을 통한 사실주의적인 대사 및 연기 연출 등으로 특징지을
수 있다. 그리고 무엇보다 이러한 표현 기법은 인물 중심으로
나타난다는 점이 특징이다.

　이는 클로즈업 위주로 인물을 담는 촬영 기법을 통해서도
알 수 있다. 타르의 초기작에서 인물들의 단독 숏은 주로
망원렌즈를 통한 타이트한 클로즈업으로 묘사되는데, 이는 단편
〈호텔 마녜지트〉와 〈시네마르크시즘〉에서도 발견된다. 〈호텔
마녜지트〉는 클로즈업과 좌우 카메라 움직임 위주로 장면을
전개한다. 이 영화는 노인 세페시와 합숙소 동료들이 언쟁을 벌이는
모습을 얼굴 클로즈업 위주로 망원렌즈와 다양한 앵글을 활용해
담아낸다. 이러한 표현 기법은 세페시와 동료들 간의 말다툼이
전개되는 가운데 정면과 측면 숏으로 제시되며 점차 극대화된다.
이와 같은 기법은 인물에 집중함으로써 사실적인 효과를
극대화하는 것은 물론, 감정을 그대로 드러내는 효과를 일으킨다.
〈시네마크르시즘〉도 영화 속 부부의 욕실 대화 장면을 클로즈업으로
일관한다.

　이처럼 한정된 공간을 배경으로 인물을 클로즈업으로 담는
형식은 이후 장편 극영화들에서도 꾸준히 등장한다. 〈패밀리
네스트〉와 〈아웃사이더〉, 〈불안한 관계〉는 모두 이 형식을 활용해
인물이 처한 현실의 굴레와 이로부터 느끼는 답답한 감정을

적나라하게 전달한다.

클로즈업 위주의 화면과 더불어 제한된 카메라 움직임도 인물 간 단절을 표현한다. 예를 들어, 〈아웃사이더〉의 후반부 안드라시가 연인 카타와 클럽 한가운데에서 대화를 나누는 장면을 보자. 클럽 한가운데에서 음악을 크게 틀고 노래를 부르는 안드라시에게 카타가 찾아와 추궁하는 장면에서 이들의 대화는 시끄러운 음악 소리 속에 묻혀버린다. 카타는 삶에 아무런 계획이 없는 안드라시를 탓하며 "너는 네 모든 인생을 어릿광대처럼 살고 있어"라고 말한다. 하지만 안드라시는 '나에게 주어진 삶의 문제가 옳다고 생각하지 않는다'며 카타의 말을 한 귀로 듣고 흘려버린다. 인물 간의 클로즈업 숏으로 반복되는 이 장면에서 크게 울리는 음악 소리는 두 사람의 단절을 강조한다. 이처럼 벨라 타르 초기작에서 클로즈업은 인물의 내면을 사실적으로 표현하는 미학적 기법인 동시에 그들이 처한 단절을 직접적으로 드러내는 수단이기도 하다.

이러한 얼굴 클로즈업에 집중한 표현법은 헝가리의 전통적 영화 미학인 발라즈 벨라 영화 이론에서 그 토대와 연관성을 찾을 수 있다. 발라즈는 영화 속 인간의 얼굴을 나타내는 클로즈업이 사물과 세계를 바라보는 '시각의 방식'이라고 말했다. 즉, 발라즈에게 있어서 얼굴은 '스크린 표면에 대한 전체적 시각, 즉 총체적 시각'으로 나타나는 '그 자체로 하나의 역동적 실체'이자 '세계에 대한 압축'을 의미한다.[36] 이런 관점으로 볼 때, 타르의 초기작 속 인물 클로즈업 숏들은 개인에 대한 주목을 통해 인물 간의 단절감을 전달할 뿐만 아니라, 이들이 처한 현실을 사실적 혹은 총체적으로 구현한다.

타르의 초기작은 현장감과 사실성을 극대화하는 시네마 베리테 스타일의 롱테이크와 핸드헬드 촬영이 주를 이룬다. 그러나 후기에 접어들수록 지속시간이 긴 숏, 정적인 카메라, 다양한 앵글이 타르 영화에 나타나기 시작한다. 〈가을〉은 앞선 작품들과 달리 다큐멘터리 같은 면모는 거의 나타나지 않고, 대신 형식적인 카메라 움직임과 앵글을 도드라진다. 영화 초반부, 헤디와 아들 야노시 모자의 대화 장면을 보자. 카메라는 아파트의 소유를 두고 격한 말다툼을 벌이는 두 모자의 모습을 거리를 둔 채 벽과 기둥 사이를 좌우로 트래킹하며 마치 암전이 반복되는 것처럼 보여준다. 이런 연출은 인물들이 처한 '살아있는 지옥' 혹은 밀실 공포증에 가까운 반복과 단절, 불화를 표현한다.[37] 또한 폐쇄적이고 한정적인 공간에서 구사하는 익스트림 하이 앵글과 로우 앵글은 극단적 상황에 놓인 인간의 다양한 측면들을 부각한다.

벨라 타르의 초기작이 지닌 형식적 특징은 다음과 같이 정리할 수 있다. 첫째, 기본적으로 시네마 베리테 경향에 기반한 발라즈 벨라 스튜디오의 의사/유사 다큐멘터리 영화를 추구한다. 이러한 접근은 다큐멘터리와 픽션을 혼용하며 당시 헝가리 사회에 대한 사실적인

접근과 비판을 드러낸다. 이후 타르는 이러한 경향에서 차츰 벗어나
더욱 양식적이고 다양한 기법을 활용한다.

둘째, 발라즈 벨라 등으로 대표되는 헝가리 사실주의 영화
미학을 계승하고 실천한다. 특히 초기 영화들에서 자주 나타나는
롱테이크와 인물 클로즈업은 발라즈 영화 미학이 지향하는 인간과
사회를 향한 '총체성'의 구현으로 볼 수 있다. 이처럼 타르는
초기작을 통해 자신만의 영화 미학을 끊임없이 추구하고자 했으며
궁극적으로는 인간과 사회를 보여주고자 했음을 알 수 있다.[38]

맺음말

이 글은 헝가리 영화감독 벨라 타르의 초기 작품들을 중심으로,
이들 영화가 1970년대 중후반에서 1980년대 초중반 헝가리 개혁
사회주의 시기의 현실 풍경과 헝가리 노동계급과 소시민이 당면한
문제를 어떻게 반영하고 있었으며, 이러한 영화 속 인간의 모습에
대한 탐구를 어떠한 영화 기법으로 표현했는지 살펴보았다.

벨라 타르의 초기작 영화들의 특징은 다음과 같다. 첫째,
'부다페스트 학파'의 영화적 경향 속에서 헝가리 개혁 공산주의
시기 헝가리인들이 당면했던 다양한 사회 문제를 주목하고 이를
포착했다. 둘째, 이러한 시대·사회적 배경 속에서 구체적인 인물

묘사를 통해 소외와 불안에 둘러싸인 인간의 모습을 사실적으로 탐구했다. 셋째, 시네마 베리테적인 극영화와 다큐멘터리 기법을 활용해 사실주의 기법에 기반한 헝가리 영화 미학의 전통을 계승하고, 동시에 점점 더 다양한 형식을 시도하며 작가성을 구축했다.

1980년대 중후반을 거치면서 벨라 타르의 영화들은 내용과 형식에 커다란 변화를 맞는다. 이후 타르는 헝가리를 벗어나 국가 간 합작 제작 환경을 기반으로 더욱 관념적이고 추상적인 영화를 추구하기 시작했다. 이러한 경향은 1988년작 〈파멸〉로 시작해 〈사탄탱고〉, 〈베크마이스터 하모니즈〉, 〈런던에서 온 사나이〉, 〈토리노의 말〉로 이어지는 그의 후기 필모그래피에서 확인할 수 있다.

이렇듯 벨라 타르의 초기작은 1970년대 중후반에서 1980년대 초중반 시기 개혁 공산주의 시기 헝가리 사회와 그 이면을 마주한 인간의 모습을 깊게 탐구한다. 이는 벨라 타르 개인 필모그래피를 넘어 헝가리 사회를 투영하고 새로운 영화 미학을 모색한다는 점에서 영화사 전체에 큰 의미를 갖는다.

* 이 글은 학술지 『현대영화연구』 49호(한양대학교 현대영화연구소, 2023, 7~32쪽)에 실린 논문 「벨라 타르 초기작 연구 (1978~1985): 헝가리 개혁 공산주의 사회 현실과 인간을 향한 영화적 응시」를 수정·보완한 것임.

1 정태수, 『정치이데올로기와 영화 : 해방기 중·동부 유럽 영화』, 박이정, 2020, 63쪽.

2 단편 〈시네마르크시즘〉은 벨라 타르가 1979년 헝가리 부다페스트 영화학교 재학 시절 연출한 작품으로, 그동안 유실된 것으로 알려졌다가 최근 2020년 10월 프린트가 발견되어 헝가리 부다페스트 연극영화예술대학(SZFE)의 비메오(Vimeo) 채널을 통해 공개되었다.

3 이 밖에, 벨라 타르는 2013년 〈토리노의 말〉의 제작기를 담은 다큐멘터리 〈벨라 타르, 나는 영화감독이다〉에 모습을 드러내기도 했다. 현재 그는 보스니아 헤르체고비나의 사라예보 대학(Univerzitet Sarajevska skola za nauku i tehnologiju) 영화학교 '필름.팩토리(Film Factory)'를 설립하고 교장으로 재임하면서 후학 양성에 매진하고 있다.

4 Andras Balint Kovács, the cinema of Béla TARR: the clrcle close, (London: Wallflower Press), 49.

5 홍성남, 〈"인간의 존엄성은 내게 가장 중요한 주제다" : 헝가리의 거장 벨라 타르 인터뷰〉, 씨네21(인터넷판), 2008.5.6, http://www.cine21.com/news/view/?mag_id=51216 (검색일 : 2023.5.5.)

6 Jacques Rancière, Béla Tarr, The Time After, (Minneapolis: Univocal), 2013.

7 Andras Balint Kovács, The cinema of Béla tarr: the circle closes, (London: Wallflower Press), 2013.

8 Ira Jaffe, Slow movies : countering the cinema of action, (London: Wallflower Press), 2014.

9 Clara Orban, Slow Places in Béla Tarr's Films: The Intersection of Geography, Ecology and Slow Cinema, (London: Lexington Books), 2021.

10   이에 해당하는 국내 선행연구 및 주요 문헌은 다음과 같다:
성지연최병학, 「종말 앞에 선 주체: 영화 〈멜랑콜리아〉, 〈토리노의
말〉, 〈테이크 셸터〉를 중심으로」, 『2014년 한국윤리교육학회
학술대회 자료집』, 한국윤리교육학회, 2014; 정흠문, 「제의적
미장센 연구」, 『한국엔터테인먼트산업학회논문지』 10집6호,
한국엔터테인먼트산업학회, 2016; 김소영, 「〈토리노의 말〉에
나타난 '시간-이미지'의 사유」, 『글로벌문화콘텐츠』 32호,
글로벌문화콘텐츠학회, 2018; 전준혁, 「길 위에서 사색하는
영화: 걷기를 실천하는 예술의 논점들」, 『영상기술연구』 34호,
한국영상제작기술학회, 2020; 박상조, 김상용, 「벨라 타르 영화 이미지의
시간의 형식에서 차별화된 양식 분석: 질 들뢰즈의 시간-이미지를
중심으로」, 『영화연구』 90호, 한국영화학회, 2021; 전준혁, 「영화의
움직임과 시간, 서사구조에 대한 연구: 벨라 타르의 〈사탄탱고〉를
중심으로」, 『영상기술연구』 39호, 한국영상제작기술학회, 2022. 한편
2008년 제8회 전주국제영화제에서 개최된 벨라 타르 회고전을 계기로
발간된 자료집인 전주국제영화제 편, 『벨라 타르: 아마도 악마가』,
전주국제영화제, 2008. 에는 조너선 로젠봄, 조너선 롬니, 자렛 렘포겔,
안드라시 발린트 코바치, 구스 반 산트, 홍성남, 전종혁, 유운성 등의
국내외 필자들이 참여했다. 이 중 자렛 렘포겔이 쓴 글 「벨라 타르의
초기 영화들」은 〈패밀리 네스트〉, 〈아웃사이더〉, 〈불안한 관계〉 단 세
작품을 다루는 데 그치고 있다.

11   이 글에서는 이 시기 필모그래피에 포함된 TV영화 연출작 〈멕베스
Macbeth〉(1982)의 경우 작품의 성격과 주제 의식을 달리하고 있다는
점에서 논의의 대상에서 제외하기로 한다.

12   진승권, 『동유럽 탈사회주의 체제개혁의 정치경제학
(1989~2000)』, 서울대학교출판부, 2003, 193~194쪽.

13   위의 책, 194~195쪽.

14   오승은, 『동유럽 근현대사: 제국 지배에서 민족국가로』, 책과함께, 2018,
253쪽.

15 김지영, 「'68운동'과 헝가리의 사회주의 체제 내 개혁운동, 1989년의 체제전환: '신경제구조'에서 '체제전환'으로」, 『독일연구』 39호, 한국독일사학회, 2018, 156쪽.

16 이진화, 「헝가리 사회주의 개혁 실패에 관한 연구」, 이화여자대학교 석사학위논문, 1995, 42쪽.

17 위의 논문, 29쪽.

18 이정희, 『동유럽사(완전 개정판)』, 대한교과서주식회사, 2005, 533쪽.

19 이상협, 『헝가리사』, 대한교과서주식회사, 1996, 272~273쪽.

20 위의 책, 270쪽.

21 위의 책, 273쪽.

22 김달중 외, 『동구 정치 경제 사회론』, 박영사, 1991, 156~157쪽.

23 한경민, 『헝가리 문학사』, 한국외국어대학교 출판부, 2004, 337쪽.

24 정태수, 앞의 책, 74쪽.

25 구현정, 「헝가리 영화의 역사적 상상력: 1960년대 헝가리 뉴 웨이브 감독의 영화들을 중심으로」, 『현대영화연구』 1호, 한양대학교 현대영화연구소, 2005, 17~21쪽.

26 Kovács, the Cinema of Béla TARR: the circle close, 21-22.

27 박상조, 「벨라 타르 영화의 시간-이미지와 영원회귀 연구: 질 들뢰즈의 시간-이미지를 중심으로」, 서강대학교 박사학위논문, 2022, 17쪽.28

29 칼 마르크스, 강유원 역, 『경제학-철학 수고』, 이론과실천, 2006, 126쪽. 이 구절은 칼 마르크스의 1884년 저작인 『경제학-철학 수고』에 등장한다. 보다 구체적인 해당 원문 구절은 다음과 같다. "The immediate, natural and necessary relation of human being to human being is also the relation of man to woman. In this natural species relationship man's relation to nature is directly his relation to man, and his relation to man is directly his relation to nature, to his own natural function. From this relationship man's whole level of development can be assessed."

30 1975년 헝가리의 인구 1만명당 주택건설실적은 94.5호이던 것에서 5년 뒤인 1980년에는 71.9호로 감소했다. 이러한 주택 정책과 신규 주택 건설

감소, 주거 부족 문제는 헝가리 뿐만 아니라 소비에트를 위시한 동시대
동구 사회주의권 국가들에서 공통적으로 나타난 현상이기도 했다.
김수현, 「구 소련과 동구 주택정책 변화의 성격」, 『주택연구』 5권2호,
한국주택학회, 1997, 120~122쪽.

31   전주국제영화제 편, 앞의 책, 48쪽.

32   Kovács, the Cinema of Béla TARR: the circle close, 115.

33   〈배우와 로케이션, 상황을 발견해 롱테이크로 보존한다〉,
       씨네21(인터넷판), 2014.10.21, 〈http://www.cine21.com/news/
       view/?mag_id=78196〉(검색일: 2023.05.07)
       Kovács, the Cinema of Béla TARR: the circle close, 109

34   전주국제영화제 편, 앞의 책, 48쪽.

35   Kovács, the Cinema of Béla TARR: the circle close, 10.

36   김호영, 『영화이미지학』, 문학동네, 2009, 201쪽.

37   Kovács, the Cinema of Béla TARR: the circle close, 43.

38   Ibid., 57-59.

〈사탄탱고〉를 통해 본
영화의 움직임과 시간, 서사 구조[*]

전준혁

(서경대학교 영화영상학과 교수)

Ⅰ. 서론

영화예술에서 모더니즘은 시간을 급진적으로 사유하면서부터 진정으로 시작되었다고 해도 과언이 아니다. 여기서 시간에 대한 사유란, 스크린 위를 흐르는 러닝 타임을 이야기하는 것이 아니다. 현실을 재현하는 이미지 다발인 영화가 현실에서 우리의 몸 위를 흐를 때, 이 시간을 해석하고 표현하는 방법에 따라 이뤄지는 다양한 서사·형식적 실험과 실천을 말한다. 앙드레 바쟁은 영화의 본질이 '자연적 통일성을 깨트리지 않으면서 인간과 사물의 숨겨진 의미를 드러내는 사실주의'에 기인한다고 말한 바 있다.[1] 그에 따르면 영화의 언어는 현실에 덧붙여지는 어떤 것에 의해서가 아니라, 현실 속에서 드러내놓는 무언가에 의해 평가된다.[2]

장뤽 고다르가 영화의 전통적 서술 형식을 해체하고 재구성했을 때, 오손 웰즈가 깊은 심도를 이용해 미장센에서 전경과 후경을

73

동시에 연출의 무대로 사용했을 때, 로셀리니가 비서사적 사건을
영화 이미지에 각인하면서 현실의 모호성을 스크린 위에 해방시켰을
때, 데 시카의 카메라가 긴 시간 동안 인물에게 머물며 현실의
평면에 생긴 틈을 (메우지 않고) 그대로 드러냈을 때, 영화는 자신의
역량을 재발견했다. 영화의 이미지가 무대화되어 시공간적 지속성을
유지할 때 영화의 서사를 '따라가는' 수동적인 관객은 시각화된
내러티브와의 상호작용을 통해 사색과 감각적 경험에 스스로를
열어놓을 수 있게 된다.

　　동시대 영화 지형 안에서 시간을 전복적으로 사유하고, 관객의
경험을 깨트리지 않으면서 영화적 사실주의를 새롭게 부활시키고
있는 실천들이 있다. 바로 '슬로우 시네마'라고 불리는 일련의
영화들이다. 영국의 매튜 플라나간에 따르면, 슬로우 시네마란
극단적인 롱테이크, 빈 공간을 향한 응시, '죽은 시간(tempt mort)'
등이 특징이다.[3] 이에 해당하는 영화감독으로는 오즈 야스지로와
안드레이 타르콥스키부터, 샹탈 아케르만, 지아장커, 페드로 코스타,
압바스 키아로스타미, 차이밍량, 홍상수, 리산드로 알론소, 그리고
벨라 타르 등이 있다. 하지만 이들의 영화는 형식이나 주제가
상이하기 때문에 '네오리얼리즘'이나 '필름 누아르'처럼 하나의
사조로 묶기에는 무리가 있다. 그나마 하나의 공통적인 영화언어가
있다면 그건 바로 '롱테이크' 촬영 기법이다.

로라 멀비는 슬로우 시네마가 사용하는 롱테이크의 특성에
대해 '질서와 구성에 대한 서술적 열망보다는 카메라가 관찰하는
세계의 이미지를 도출함으로써' 세계에 대응하는 새로운 방법을
찾는 것을 목표로 한다고 밝혔다. 멀비는 이러한 접근 방식을 '기록,
관찰, 지연의 영화'라고 명명하며 롱테이크를 '시골 풍경이나 도시의
빈 이미지'와 '프레임에 나타나는 시간의 존재'를 가능하게 하는
방법으로 제시한다.[4] 슬로우 시네마 속 롱테이크는 인물의 행동이나
사건이 영화 전체에서 차지하는 비중을 줄이고, 이에 따라 나타나는
영화적 공백을 상쇄하며, 그 공백을 물질·감각적 질료로 채워 넣는다.

벨라 타르의 영화들은 이러한 맥락에서 매우 중요한 텍스트를
제공한다. 벨라 타르는 1955년 헝가리에서 태어나 〈패밀리
네스트〉부터 2011년에 완성한 〈토리노의 말〉까지 30여 년 동안 총
9편의 장편영화를 만들었다. 그의 필모그래피는 두 개의 시기로
나눌 수 있다. 〈패밀리 네스트〉부터 〈가을〉까지가 첫 번째 시기,
그리고 〈파멸〉부터 마지막 영화까지가 두 번째 시기다. 영화이론가
코바치 안드리시 발린트는 그의 후기 영화에서 나타나는 모든
중요한 서사·형식적 특징들이 그의 초기작부터 이미 존재하고
있었기 때문에 벨라 타르 작품 분석에서 전기와 후기를 나누는 것은
조심스러운 접근이 필요하다고 언급했다.[5] 그의 후기 작품에서
나타나는 첫 번째 차이는 바로 카메라 움직임의 출현이다. 그의

롱테이크 스타일은 〈패밀리 네스트〉부터 나타났던 특징이다.
하지만 그 시기의 카메라는 거의 멈춰있고, 독특한 무대화 방식을
통해 인물과 대화 장면을 촬영했다. 〈파멸〉부터 타르는 긴 트래킹
숏을 구사하는데, 〈파멸〉, 〈사탄탱고〉, 〈베크마이스터 하모니즈〉,
〈런던에서 온 사나이〉, 〈토리노의 말〉까지 그의 카메라는 정지와
움직임을 복잡한 구성으로 반복하며 장면을 무대화한다. 또 다른
점으로는 배우 활용과 서사구조를 들 수 있다. 이는 벨라 타르가
소설가 크러스너호르커이 라슬로와 협업을 시작하면서부터 나타난
차이점이다. 초기작이 비전문 배우의 즉흥적인 대사를 사용하고,
평범하지만 나락으로 떨어지는 절망적인 가족의 이야기를 선형적인
서사의 형식으로 서술했다면, 〈파멸〉부터는 전문 배우의 기용과
양식화된 대사, 그리고 도시와 헝가리 대평원 등 더 넓은 공간에서
일어나는 사람들 간의 배신과 협잡이 주요한 소재로 등장한다. 특히
작가주의 관점에서 벨라 타르의 후기 작품들은 슬로우 시네마의
고유한 특징이 도드라진다.

이 글에선 그의 후기를 시작하는 세 작품(〈파멸〉, 〈사탄탱고〉,
〈베크마이스터 하모니즈〉)에 집중하려 한다. 특히 긴 러닝 타임을
자랑하는 〈사탄탱고〉를 서사적, 형식적으로 분석하여 '마지막
모더니스트'라고 불리는 벨라 타르의 영화적 실천이 어떻게 영화의
시간과 움직임, 서사구조에 통일성을 부여하는지, 그리고 이 느림의

미학이 영화가 드러내는 세계에 어떤 태도를 표명하고 있는지
살펴볼 것이다. 이를 통해 영화 이미지가 현실과 단절되지 않고
인간과 사물의 숨겨진 의미를 드러내는 방식에 대해 고찰해 보려
한다.

II. 벨라 타르 감독 영화의 서사와 형식적 특징

영화 〈가을〉을 기점으로, 벨라 타르의 영화에서 고립된
인물(혹은 인물들)이 관찰자 시점으로 사건을 바라보는 행위는
반복적으로 나타나는 모티프다. 〈파멸〉의 커레르, 〈사탄탱고〉의
마을 의사, 〈베크마이스터 하모니즈〉의 야노시가 이러한 모티프
속 '창문 앞의 남자'에 해당한다. 이들은 순환하는 파괴의 목격자,
혹은 기록자로 등장하고, 결과적으로 그들 자신도 같은 운명의
수레바퀴 속으로 들어간다. 커레르는 '티타닉 바'라는 술집에서
노래하는 여가수에게 욕망을 품고 있는, 직업도 없고 희망도 없는
가난한 인물이다. 그러나 그 여가수에게는 이미 남편이 있고,
커레르는 그녀에게 끈질기게 구애를 펼치지만 잔혹하게 거절당한다.
그가 단골로 출입하는 다른 술집 주인은 그에게 불법으로 물건을
들여오는 일을 제안한다. 커레르는 이 기회를 자신의 경제적 상황을
개선하는 발판으로 삼는 대신, 여가수의 남편을 일시적으로 제거할

수단으로 사용한다. 그녀의 남편이 잠시 도시를 나가 있는 동안 커레르는 여가수와 동침한다. 그러나 여기에는 커레르의 상황을 타개할 어떤 희망도 존재하지 않는다. 여전히 여가수는 커레르를 경멸하고 그를 쫓아낸다.

영화가 진행되면서 우리가 가장 많이 보는 장면은 티타닉 바에서 여가수를 훔쳐보는 커레르의 뒷모습이다. 벽 뒤에서, 문 뒤에서, 건물 구석에서 그는 퍼붓는 빗줄기를 뚫고 식별 불가능한 시선을 던진다. 〈파멸〉의 프롤로그 장면은 '창문 앞의 남자'가 세상의 논리에서 벗어나 무지한 '견자(seer)'의 태도를 지니고 있음을 보여준다. 처음에 카메라는 석탄을 실어 나르는 거대한 케이블카를 원경에 배치하며 이를 비춘다. 이어서 카메라가 서서히 움직이자, 사실 이 장면은 창문 너머의 풍경이라는 사실이 드러난다. 카메라가 방향을 바꿔 뒤로 물러나면 창문 앞에서 밖을 보고 있는 커레르가 화면에 나타난다. 우리가 보는 것은 바로 커레르가 보던 것이다. 창밖의 이미지는 관객의 시선과 커레르의 시선을 오가며 응시의 주체를 식별할 수 없는 순간을 품는다.[6]

〈사탄탱고〉에서 의사 캐릭터는 마을에서 일어나는 일들을 창문으로 엿보면서 노트에 세세히 기록한다. 영화의 첫 번째 챕터가 시작되면 내레이션이 등장하는데, 사실 그 내레이션은 영화 끝부분에 모든 마을 사람이 떠난 후 텅 빈 공간을 보며 적는

의사의 마지막 노트와 정확히 일치한다. 총 12개의 챕터로 이루어진
〈사탄탱고〉의 각 챕터 마지막에는 같은 목소리의 내레이션이
등장하고, 관객은 영화의 끝에 이르러 이 모든 이야기가 의사의
메모라는 사실을 눈치챈다. 마을 의사는 얼핏 이 마을에서 일어나는
사건들과 직접적으로 연관이 없는 것처럼 보인다. 하지만 그의
운명은 텅 빈 마을과 함께한다. 그는 종소리 환청을 듣고 불가사의한
이 소리의 근원을 자신의 좋지 못한 건강 상태 탓으로 돌리기도
한다. 그는 결코 혼자서 살아갈 수 없는 자다. 스스로를 고립시키고
아웃사이더를 자처한 결과는 파멸이다. 영화는 의사가 판자를
가져와 집의 모든 창문을 봉인하면서 끝난다.

〈베크마이스터 하모니즈〉에서 야노시는 신문 배달을 하는
소년이다. 영화가 시작하면 마을의 술집에서 행성 운동에 관해
이야기하며 술에 취한 손님들로 연극을 하는 야노시를 볼 수 있다.
그는 '우주적'인 것에 사로잡혀 있는 인물이다. 마을에 서커스단이
들어오면서 고래와 '프린스'의 정치적인 공연이 마을 사람들로
하여금 동요와 불안을 야기하고, 야노시는 홀로 고래 사체가 보존된
컨테이너로 뛰어 들어가 고래의 거대한 몸이 담고 있는 '우주적
질서'에 경외감을 느낀다. 질서를 교란하는 존재들의 도래로 불안과
적대감이 점점 도시를 물들일 때, 그의 순수함(혹은 바보 같음)은
그것을 '바깥의 시선'으로 바라보는 창의 역할을 한다. 그러나

야노시는 도시를 구원하지 못한다. 그는 에스터 부인의 강요 섞인
부탁을 받아 자신의 삼촌인 에스터에게 마을 사람들을 조직해서
봉기를 일으키게 만들고, 그 봉기는 공권력의 무력에 의해(또는
에스터 부인의 계략에 의해) 간단히 제압된다. 전쟁터가 된 도시를
빠져나온 야노시는 자신을 따라오는 경찰 헬리콥터에 의해 다시
붙잡혀 정신병원에 수감된다.

굴레 또는 함정에 빠진 인물이라는 테마는 타르 영화의 주요한
테마와 맞닿아 있다. 중앙집권적 공산당 체제에 의한 관료주의가
동구권 국가 인민들을 헤어 나올 수 없는 가난에 빠뜨린 것, 경찰력에
의한 감시가 시민들 스스로 복무하게 하여 '만인에 의한 만인의 감시'
체제가 완성된 것, 내면화된 패배주의와 무력감, 윤리의식의 부패는
그의 영화 세계에서 비나 공기와 같은 환경적 조건이자 모든 파멸의
원흉으로 보인다. 가난, 사회·물리적 환경 속 도덕·정신적 고통에
대한 묘사, 그리고 각 인물이 가난과 고통의 굴레 속에서 꿈과 욕망에
점철되어 점차 파괴되어 가는 과정은 타르 영화의 서사적 특징이다.
이 특징을 표현할 때 타르에게 중요한 것은 어떻게 이야기가
끝을 향해 전개되는가가 아닌, 주어진 상황 속에서 인간과 사물,
배경과 시간이 어떻게 발전하는가를 보여주는 것이다. 그의 연출
스타일은 인물과 그들을 둘러싼 환경 사이에서 벌어지는 상호작용에
집중한다.[7]

2001년 「버티고(Vertigo)」에 실린 에밀리 브레통과 진행한
인터뷰에서 벨라 타르는 '나에게 이것들은 풍경 영화'라고 말하며
'근본적으로는 어떻게 내러티브와 독립적으로 그림에 생명을
불어넣을 수 있느냐가 문제'라고 말했다. 사건의 서술은 그에게
중요성을 갖지 않거나, 적어도 덜 중요한 문제다. 그에게 흥미를
불러일으키는 장면은 가장 진부한 일이 마침내 일어나는 순간이다.
비와 안개, 케이블카, 공장의 기계, 누군가의 시선, 그리고 반복되고
지속되는 시간이 그의 영화 제작에 있어서 가장 중요하다.[8]
그러므로 그의 후기 영화들에서는 '기상학적 표현(meteorological
representation)'이라고 부를 수 있는 요소들이 매우 중요해졌다. 그에
따르면 '캐릭터의 움직임과 위치, 카메라의 움직임과 위치는 주로
캐릭터가 아닌 환경을 표현하는' 기능인 것이다.[9]

롤랑 바르트는 「제3의 의미」에서 '자연스러운 의미', 혹은
'무딘 의미'는 '규범을 벗어나는 어떤 것, 즉 과도한 어떤 것
내지 잉여의 어떤 것'을 가리킨다고 말하며, 그것이 영화라는
논리체계에서 중요하게 다뤄질 수 있다고 밝혔다. 무딘 의미는
'연쇄되는 사건들 바깥에 위치하고, 휴지의 순간을 구성하며,
새로운 리듬을 창조하면서', 그 자체로 하나의 '반(反)서술적
순간"을 만들어낸다. 영화에서 드러나는 (사진에서의 푼크툼과
비교할 수 있는) 비서사·비중심적 논리는 모든 기표가 '산포되어

있고 가역적이며 자신만의 고유한 지속성에 연결되어 있는',
그래서 '모든 논리적 연결로부터 자유로운 서사'에서 비롯된다.[10]
벨라 타르는 '무딘 의미'를 생성하는 결정체적 이미지를 창조하는
형식·미학적 선택을 통해 그가 살아가고 있는 시대의 영화를 진정
재발견했다. 그의 선택은 대표적으로 롱테이크의 급진적인 사용,
'죽은 시간', 비(非)드라마화와 같은 서사적 생산성을 위반하는 전략,
그리고 시간의 생략을 최소화하는 플랑 세캉스 등이 있다. 이것은
랑시에르가 '자율적인 사실주의적 사명'이라고 이야기했던 현대
영화의 어떤 특성들을 계승한 것처럼 보인다. 그리피스의 고전주의,
에이젠슈타인의 변증법, 또는 독일 표현주의의 스펙터클한 미장센
등으로 대표되는 몽타주 영화의 타율적 전통에 대한 작별이라고 볼
수 있는 이 특성들은 에릭 폰 스트로하임, 장 르누아르, 오손 웰즈,
칼 드레이어, 로베르 브레송, 로베르토 로셀리니 같은 이름들에서도
이미 발견되었던 것이다.[11] 질 들뢰즈가 '시간-이미지'에서 과거의
영화들과 단절시켰던, '운동-이미지'에 해당하던 특성들을 해체하여
'운동-물질-감각'의 영화가 '시간-물질-사유'로 나아가는 최근의
실천들은 슬로우 시네마에서도 역시 동일하게 발견된다. 우리가
논의하고 있는 벨라 타르와 위에서 언급했던 극영화감독들뿐만
아니라 아핏차퐁 위라세타쿤, 제임스 베닝, 샤론 록하르트, 라야 마틴
등 아방가르드 시네아스트들도 시간의 물질화와 서사의 지배에서

벗어난 자율적인 사실주의의 영화 이미지를 생산하는 데 지대한
관심을 기울였던 인물들이다.

타르의 후기 영화에서 롱테이크는 자유자재로 움직이는 트래킹
쇼트와 결합하여 특별한 분위기를 만들어낸다. 〈베크마이스터
하모니즈〉에서 야노시가 에스터의 집에 가서 방을 치우고 물건을
정리하며 에스터를 잠자리로 이동시키는 긴 트래킹 숏을 보자.
카메라는 기본적으로 야노시의 동선을 따라간다. 간혹 그가
치운 방의 한구석을 야노시가 프레임 아웃하고 나서도 오랫동안
응시하기도 하고, 그를 앞질러 공간을 가로지르기도 한다. 공간의
깊이감은 짙은 콘트라스트의 흑백 화면으로 인해 더욱 강조되는데,
타르의 카메라는 구성된 프레임의 지속적인 변화를 통해, 그리고
흑백 명암의 표현적 대조를 통해 관객의 기대와 호기심을 영화
안으로 반복하여 초대한다. 이에 반해 서사는 여기에서 명백하게
중단된다. 일반적으로 플롯의 전개와는 전혀 관계가 없는 야노시의
작은 일상적 움직임을 실시간으로 포착해 관객들에게 제시하기
때문에, 영화는 서사적이라기보다는 풍경적으로 변모한다. 이는
샹탈 아케르만의 기념비적인 영화 〈잔느 딜망 Jeanne Dielman, 23 quai du Commerce,
1080 Bruxelles〉(1975)의 장면들과 비교할 수 있다. 〈잔느 딜망〉에서 델핀
세리그가 연기한 가정주부 잔느는 청소하고, 요리하고, 커피를
내리고, 구두를 닦는 등 대부분의 시간을 집안일에 할애한다.

영화의 변곡점을 생성하는 중심 사건인 매춘, 살인은 극히 담백하게
묘사되거나 생략됨으로써 영화가 주목하고 있는 것이 서사가 아닌
행동, 풍경, 신체임을 명백하게 주장한다. 타르의 영화가 〈잔느
딜망〉과 분리되는 지점은 바로 카메라의 시선이다. 〈잔느 딜망〉이
대부분 제자리에 고정된 채 비주체적인 시선을 암시하고 있다면,
타르의 영화에서 카메라는 시공간적 연속체 안에서 부단히 움직이며
공간과 시간을 이어주고 신체와 사물을 이어준다.

　　롱테이크 기법에서 카메라의 움직임을 활발히 사용하는
것은 다른 영화들에서도 빈번하게 볼 수 있는, 별로 특별한 것이
없는 작업이라고 말할 수도 있다. 예를 들어 오손 웰즈의 〈악의
손길_{Touch of Evil}〉(1958) 오프닝 시퀀스를 보면 찰튼 헤스턴이 연기하는
멕시코계 형사 바르가스와 그의 아내가 국경에서 휴가를 즐기는
매우 긴 롱테이크 트래킹 쇼트가 등장한다. 이때 카메라의
움직임은 바르가스 부부의 대화와 멕시코 국경의 이국적인
풍경, 그리고 사건의 발단이 될 시한폭탄이 장치된 자동차를
오가며 기술·미학적으로 유려한 시퀀스를 만들어낸다. 타르의
영화에서 롱테이크 트래킹 숏은 이와는 정반대로 움직인다. 오손
웰즈의 롱테이크가 서사를 운반하는 역할을 한다면, 벨라 타르의
롱테이크는 서사를 중단하고 인물과 사물의 이미지를 각인시키는
역할을 한다. 다시 말해, 타르는 인물의 얼굴과 신체를 물질적인

세계의 한 부분으로 만들기 위해 롱테이크를 사용하고, 단조롭고
느린 속도의 카메라는 특정 공간을 이동할 때 인물의 신체를
지나간다. 카메라는 인물이 마치 환경의 일부분에 불과한 것처럼
그를 지나쳐 빈 공간으로 끊임없이 나아간다. 〈파멸〉에는 건물
안에서 비가 그치기를 기다리는, 어쩌면 아무것도 기다리지 않고
무기력하게 서 있기만 하는 노동자들의 얼굴을 보여주는 롱테이크
트래킹 쇼트가 등장한다. 카메라는 먼저 비가 흘러내리는 건물의
외벽으로 프레임을 가득 채운 채로 멈춰있다. 마치 비와 함께 벽의
회반죽이 흘러내리는 듯한 추상적인 이미지이다. 이윽고 카메라는
오른쪽으로 기나긴 이동을 시작한다. 벽이 끝나는 지점에는 건물
안쪽 공간에서 무표정으로 정면을 바라보는 사람들의 침울한 얼굴이
등장한다. 카메라의 속도는 매우 느리게 유지된다. 다시 비와 함께
벽이 등장하고, 표면의 부식과 해체가 피할 수 없는 일이라는 느낌을
준다. 그리고 다시 사람들이 등장한다. 카메라는 벽과 얼굴을 연달아
횡단하다가 다시 벽에서 멈춘다. 이 장면은 마치 쿨레쇼프의 몽타주
실험을 벨라 타르식으로 변용한 것처럼 보인다. 남자의 얼굴-수프,
남자의 얼굴-여인, 남자의 얼굴-관으로 연속 제시되는 몽타주 대신,
비에 침식당하는 벽-무기력에 침식당한 사람들의 얼굴이 연속
제시되는 롱테이크 표현이라는 점에서 그러하다.

Ⅲ. 순환적 시간 : 〈사탄탱고〉의 서사구조의 특징

1988년에 발표된 〈파멸〉은 벨라 타르와 소설가
크러스너호르커이 라슬로와 협업한 첫 작품이다. 그들의 만남은
1985년, 타르의 스태프 중 한 명이 크러스너호르커이의 소설
〈사탄탱고〉를 소개해 준 것을 계기로 성사되었다. 발표 시기로는
〈파멸〉이 〈사탄탱고〉보다 앞서지만, 제작 준비는 〈사탄탱고〉가
먼저였다. 1985년에 타르는 〈사탄탱고〉 프로젝트를 시작했으나, 그가
만든 제작사인 '타르슐라스'가 해체되면서 〈사탄탱고〉의 제작은
좌초된다. 당시 그는 동료에게 아마추어라는 말까지 들으며 영화
제작을 그만두라는 압박을 받기도 했다. 1986년, 타르는 헝가리
영화계에서 완전히 소외된 자신을 발견하고, 스스로 제작비를
마련해 라슬로의 또 다른 시나리오를 영화화하기로 결심한다. 그
작품이 바로 〈파멸〉이다.

타르는 처음부터 〈사탄탱고〉를 최소 400분 이상의 러닝
타임을 가진 대작으로 기획했다고 말했다. 하지만 그는 엄격하고
고집스러운 자신의 영화제작 방식 때문에 헝가리 안에서
〈사탄탱고〉를 완성할 기회가 아예 없을지도 모른다고 생각했다.
다행히 〈파멸〉의 세계적인 성공 덕분에 그는 이전보다 제작비를
쉽게 마련할 수 있었고, 소비에트 연방이 무너지면서 그를 향한

제도권의 견제도 상당히 약해졌다.

타르는 「무비(MUBI)」와의 인터뷰에서 "〈사탄탱고〉를 각색 영화라고 생각하지 않는다"라고 말했다.[12] 그는 같은 생각을 가진 두 사람이 만났던 것뿐이라고 다소 모호하게 대답했다. 그러나 영화 〈사탄탱고〉의 전체 줄거리와 내러티브의 뼈대는 소설과 크게 다르지 않다.

아래의 표는 소설과 영화의 챕터 구성과 내용을 간략하게 정리한 것이다. 이야기는 전체적으로 2개의 파트로 구성되어 있고, 각 파트는 6개의 챕터로 나뉘어 있다. 소설에서는 파트 1의 1~6까지 챕터가 진행된 후 파트 2에서는 챕터 6~1까지 역순으로 진행된다. 앞에서 한번 언급했다시피 소설과 영화의 마지막, 의사의 메모로 이루어진 독백은 가장 앞 장에서 서술된 내용과 정확히 일치한다. 소설에서는 이 내용이 약 두 페이지 분량으로 반복된다. 이처럼 〈사탄탱고〉의 이야기는 순환적 서술 구조를 지닌다. 인물들은 초반에 상황이 나아질 것이라는 희망과 믿음을 갖고 시작하지만 결국 그것은 환상에 불과한 것이었고, 그들의 출발점과 마찬가지인, 어떤 면에서는 더욱 악화된 절망적인 상황에 도달하게 된다. 뫼비우스의 띠와 같은 이러한 이야기의 순환적 구조는 〈사탄탱고〉에서 위 표와 같이 내러티브 구성 자체에 의해서도 실현된다.

파트 1	파트 2
1. 그들이 온다는 소식 - 푸타키와 슈미트의 협잡	6. 이리미아시가 연설을 하다 - 연설을 하는 이리미아시
2. 우리는 부활한다 - 돌아오는 이리미아시와 페트리너	5. 되돌아본 광경 - 마을을 버리고 떠나는 사람들
3. 뭔가 안다는 것 - 마을 의사의 염탐	4. 천국의 비전인가, 환각인가 -이리미아시 일당의 계략
4. 거미의 작업 I - 술집에서의 기다림	3. 다른 방향에서 본 광경 - 뿔뿔이 흩어지는 사람들
5. 실타래가 풀리다 - 에슈티케의 죽음	2. 그저 일과 걱정 뿐 - 이리미아시의 보고서를 고치는 경찰국
6. 거미의 작업 II 악마의 젖꼭지, 사탄탱고 - 술집에서의 춤 장면	1. 원이 닫히다 - 종소리를 듣는 마을 의사

[표] Chapter Configuration of 〈Satantango〉

그러나 〈사탄탱고〉의 순환구조는 여타 작품들보다 훨씬 복잡하다. 이는 영화 속 사건이 선형적 나열이 아닌, 마치 쿠엔틴 타란티노의 초기 영화들(〈펄프픽션〉, 〈재키 브라운〉)이나 구로사와 아키라의 〈라쇼몽〉처럼 서로 다른 관점으로 재서술하는 비선형적 구조를 이루기 때문이다. 영화를 두 개의 파트로 구분하는 전환점에는 소녀 에슈티케의 죽음이 놓여있다. 〈사탄탱고〉의 내러티브 구조는 이 사건을 기점으로 전혀 다른 모습을 보여준다. 위와 같은 비선형 구조가 적극적으로 사용되는 쪽은 파트 1이다. 푸타키의 관점으로 표현되는 '슈미트 부인과의 밀회(챕터 1)'는 나중에 '의사의 염탐(챕터 3)'에 의해 다시 재현되고, 소녀 에슈티케의 관점으로 보는 '술집의 춤판(챕터 5)'은 역시 '의사의 시점(챕터 3)'으로 다시 등장한다. 에슈티케가 바라본 술집 안의 상황은 챕터 6에서 더 자세하게 볼 수 있다. 그러므로 관객은 모든 관점에서 바라본 에피소드들을 섭렵한 후에야 전체 사건의 얼개를 그려볼 수 있다. 그 사이에서 가려진 것과 드러나는 것, 앞으로 일어날 일과 이미 일어난 일은 마치 거미줄처럼 복잡하게 얽혀있고, 그 형태는 각각의 에피소드 안에서 독립적인 원형 구조를 갖는 것처럼 보인다. 각각 독립한 내러티브는 파트 1과 2에서 묶이면서 서로 교집합과 여집합을 이루고, 다른 모든 사건의 종착지이자 이 영화의 상징적 모티프인 '에슈티케의 죽음'이라는 사건으로 거대한 소용돌이를 일으키며 수렴한다.

마을 사람들이 술집에 모여 아코디언 연주에 맞춰 춤을 추는 장면과 그것을 빗속에서 바라보는 에슈티케의 얼굴은 세 번 반복된다(챕터 3, 챕터 5, 챕터 6). 다른 장면들은 두 번씩 반복되는

것에 비해 이 장면은 확실히 강조된다. 그 이유는 바로 이 순간이
에슈티케를 구할 수 있었던 마지막 기회이기 때문이다. 동시에
마을 사람들이 인간 존엄성의 붕괴로부터 스스로를 구할 수 있었던
마지막 기회이기도 하다. 파트 2의 시작 부분에서 이리미아시는
에슈티케의 죽음을 마을 사람들의 개과천선을 강요하는 수단으로
이용한다. 이를 통해 에슈티케의 죽음과 영화의 핵심이 인과관계를
갖는 것처럼 보이지만, 사실 에슈티케의 상황과 관계없이
이리미아시는 마을 사람들을 함정으로 몰아넣었을 것이라고
보는 것이 합당하다. 이리미아시는 그들의 죄책감을 이용해서 더
근면하고 성실한 삶을 살 것을 요구한다. 이리미아시는 도시 근처의
땅을 매입해서 집단 농장을 만들 계획이라며 마을 사람들에게
그들이 1년 동안 소를 키워서 번 돈을 내놓으라고 이야기한다. 물론
그들은 소녀가 자살하는 순간을 보지도 막지도 못했다는 죄책감에
압도당해서 순순히 돈을 내놓는다. 이리미아시는 재빠르게 '소녀의
자살'이라는 상황을 자신의 목적을 위한 임기응변으로 이용했을
뿐이다. 그의 계략은 이들에게 돈을 빼앗고, 사람들을 도시에 뿔뿔이
흩어지게 만든 다음, 그들의 도덕적 결함을 경찰에게 고발하는
것이다. 따라서 에슈티케의 죽음이라는 우발적 사건이 없었더라도
이리미아시는 어떻게든 그들을 속였을 것으로 추측할 수 있다.
'어린아이의 죽음'이라는 사건이 가지는 드라마적 무게 때문에 이를

영화 전체 플롯에 지대한 영향을 미치는 요소로 생각하기 쉽지만,
사실 마을 사람들의 운명은 그전에 이미 결정되어 있었다고 보는
것이 옳다. 그렇다면 어째서 〈사탄탱고〉는 '에슈티케의 죽음'을
플롯 가장 중심에 놓았을까 하는 의문이 남는다. 그것은 내러티브의
인과관계를 설정하기 위한 장치라기보다는 오히려 마을 사람들의
퇴락하는 인간성을 극적으로 드러내는 표현적인 장치라고 볼 수
있다.

자크 랑시에르는 '에슈티케의 죽음'을 모든 사건의 중심이 되는
'마스터 이벤트'로 보면서, 상징적으로는 거미의 작업을 거스르고,
거미줄을 풀어내는 작용으로 간주한다. 이리미아시의 계략이
성공하려면 마을 사람들을 결속시키는 집단적 거미줄이 일단 풀려
있어야 한다. 이를 위해서는 이리미아시가 그들을 뿔뿔이 흩어놓는
척력을 극대화할 수 있는 상태가 마련되어야 한다. 〈사탄탱고〉에서
이러한 척력을 촉발하는 요인은 그들의 경제 상황과 심리 상태를
붕괴 직전으로 몰아넣은 제국적 공산주의의 비효율성도, 권태와
불신으로 스스로를 파멸로 몰고 가는 마을 사람들 자신도 아닌, 바로
'광인' 혹은 '바보'의 역할을 수행하는 존재인 에슈티케다.[13]

'에슈티케의 죽음'은 영화의 내러티브 전체를 아우르고 다른
플롯 라인들이 수렴하는 사건임에도 불구하고 이야기와 사건의
인과적 구조와 관련해서는 주변적 사건으로 남아있다. 이러한

방식은 내러티브 진행에 극적인 모호함을 만들어낸다. 이야기의 인과관계 바깥에 위치한 탓에 감소한 중요성은 내러티브 구조에 의해 우선순위를 부여받고 그 중요성을 회복한다. 에슈티케는 소용돌이의 형태를 띠고 있는 영화의 순환적 내러티브에서 모든 사건을 빨아들이는 중심에 자리 잡고 있다. 파트 1이 수면 위에서 바라본 소용돌이라면 파트 2는 물속에서 바라본 소용돌이라고 할 수 있다. 파트 1이 수렴 운동으로 구성되어 있다면 파트 2는 발산하는 운동이다. 파트 1에서 거미줄은 모든 것을 묶어내는 힘이지만, 파트 2에서는 거미줄이 풀리면서 (공동체와 인간 존엄성의) 와해와 해체로 나아간다.

IV. 시간의 물질화: 〈사탄탱고〉에서의 시간, 신체, 사유

〈사탄탱고〉에서 대부분의 숏들은 극단적으로 긴 지속시간을 유지한다. 실시간으로 벌어지는 모든 신체의 움직임, 사물의 정지된 상태, 빛의 변화를 담는 롱테이크는 서사를 일시 정지하고 세계의 감각적 질료를 영화의 이미지 안으로 불러들여 각인시킨다. 들뢰즈에 따르면 시간에 대한 직접적인 지각은 사유를 촉발하는 영화적 수단이다. "감각-운동적 단절을 통해 인간은 세계 내의 어떤 용인할 수 없는 것에 충격을 받은, 그리고 사유 안에 존재하는 어떤 사유할 수 없는 것에 직면하게 된 견자가 된다"라는 것이다.[14] 그리고 사유 불가능성은 스크린/뇌의 논리적 체계 바깥에서, 사유-이미지의 바깥에서 새로운 사유를 촉발하는 조건이 된다. 이러한 새로운 사유의 가능성은 영화에서 시간-이미지의 첨점, 즉 시간-결정체 혹은 결정체적 이미지로부터 시작된다. 타르의 영화는 이러한 맥락에서 인과적 서사를 중단시키는 롱테이크로 인해, 그리고 카메라가 응시하는 '기상학적 표현'의 응축으로 인해 '우주적' 압력이 집중되는 시간-결정체들의 혼합이 된다.[15]

〈사탄탱고〉의 프롤로그 장면에서 카메라는 정지와 이동을 반복하면서 축사에서 나온 소 떼가 마을 밖으로 빠져나가는 과정을 말없이 지켜본다. 소 떼의 이동 장면은 서사적으로는 아무 일도 일어나지 않는 것이나 마찬가지다. 8분 10초 동안 계속되는 이 롱테이크에서 볼 수 있는 것은 단순한 소의 움직임뿐이며, 우리가 볼 수 없는 것은 그것의 인과관계이다. 카메라의 움직임이 만들어내는 프레임의 변화는 소 떼의 이동과 마법처럼 결합하는데, 마치 소들이 카메라의 움직임을 의식하면서 연기를 하는 듯하다. 소 떼가 카메라에 의해 미리 정해진 궤도를 따라 필연적으로 움직이는 것처럼 보이기 때문이다. 소들은 거짓말처럼 이 궤도를 앞서거나 뒤따르면서 결합하고, 멀어지거나 가까워지면서 미장센을 완성한다. 이 두 운동(소의 운동과 카메라의 운동)의 결합은 시간이 공간화되는 지점을 넘어 시간이 신체화되는 감각을 불러일으킨다. 비서사적 운동은 시간을 직접적으로 지각하는 벨라 타르 영화의 조건 중 첫 번째이고, 충분히 지속되는 운동 시간을 통해 두 번째 조건인 시간-결정체가 발생한다.

타르의 영화를 구성하는 사건들은 극도로 낮은 서사의 밀도 속에서 서서히 분해된다. 그것은 끊임없이 내리는 비로, 예배당을 감싸는 안개의 모호함으로, 술집에서 반복되는 아코디언의 곡조로, 밤새도록 걷는 에슈티케의 발걸음 소리로, 마을 의사의 힘겨운 숨소리로, 유리잔과 잠에 빠진 신체를 엮어놓은 거미줄로 표현된다. 반복되는 표현 요소들은 〈사탄탱고〉의 시간적 방향성을 식별 불가능할 정도로 흔들어놓는다. 랑시에르의 표현에 따르면 타르 영화의 시간성은 '비와 안개, 진흙으로 구성된 우주적인 압력'이 신체를 관통해 '대화, 곡조, 목소리, 또는 공허 속에서 잃어버린 시선으로 변환되어 순환하는 단 한 순간에 수렴'한다.[16] 〈사탄탱고〉의 긴 롱테이크 숏은 빛과 그림자 사이를, 신체와 사물 사이를 지나가고 엮어주며 이중구조의 이미지를 완성하는 표현 방식이다. 얼굴을 향해 매우 느리게 전진하는 트래킹 쇼트든, 관객의 기대를 벗어나 갑작스럽게 정지하는 카메라든, 이 모든 것은 인지할 수 있을 정도로 느리게 지속되는 시간 속에서 일어나기 때문에 효과가 있다. 그 효과는 시간의 물질화이다. 벨라 타르의 롱테이크 속에서 지속되는 시간은 푸타키가 집을 떠나기 위해 짐을 싸는 행동, 비가 내리는 어둠 속에서 정면을 향해 끝없이 걸어오는 에슈티케의 얼굴, 진흙투성이 도로를 힘겹게 헤쳐 나가는 마을 의사의 걸음, 이리미아시의 고발을 수정하는 두 명의 정부 관료가 존재하는 배경으로서의 시간이 아니다. 그것은 마을 사람들을 고통과 권태의 상태에 묶어놓는 거미줄처럼 만질 수 있고 움직일 수 있는 물질적인 형태로 굳어버린 시간 그 자체이다.

타르의 영화 연출 기법 중 롱테이크의 사용만큼 독특한 요소는 그가 영화의 서사와 인물, 배경에 적용하는 현실 속 실제 기표를 다소 모호하게 설정해 놓는다는 점이다. 이는 그의 초기 영화들에서부터 꾸준히 발견된 특징인데, 예를 들어 타르의 첫 작품 〈패밀리 네스트〉의 초반에는 이러한 자막이 등장한다: "이것은 실제 이야기이다. 영화에 등장하는 사람들에게 직접 일어난 일은 아니지만 일어날 수도 있었던 이야기다."

코바치는 벨라 타르의 초기 작품들에서 장 루슈(Jean Rouch)로부터 영향받은 것이 분명한 시네마 베리테적인 접근들이 발견할 수 있다고 말한다. 특히 시네마 베리테를 실천했던 시네아스트들이 자신의 다큐멘터리에서 실제 인물들에게 자신의 삶을 연기하도록 했다는 점에서 그렇다. 벨라 타르는 배우를 캐스팅할 때 그들이 연기할 캐릭터의 직업을 실제로 가지고 있는

배우, 캐릭터의 계급에 실제로 부합하는 배우, 캐릭터의 습관을
실제로 가지고 있는 배우를 캐스팅했다. 이러한 배우 기용 원칙은
후기작까지 이어진다. 벨라 타르가 많은 인터뷰에서 공통적으로
강조하는 이야기가 있는데, 자신은 영화를 제작할 때 영화 속에
등장하는 공간, 인물, 환경, 기상적 조건을 되도록 실제 그대로
촬영하기를 원한다는 것이다. 그는 영화의 시놉시스가 완성되면
배우와 로케이션을 확정한다. 시나리오와 대사는 그다음에 쓰는
것이다.

그의 제작 환경에서 또 하나 중요한 것은 바로 날씨다. 그가
원하는 정확한 분위기가 자연스럽게 형성되는 시기와 날씨에 맞춰
촬영해야 하므로 촬영이 지연되면 몇 개월씩 기다렸다가 재개하기도
했다. 실제로 〈사탄탱고〉는 헝가리 대평원인 푸스타(Puszta)의 땅이
충분히 젖을 수 있는 우기 동안 촬영해야 했기 때문에 11월부터
3월까지로 프로덕션 일정을 제한해야 했다. 결국 영화는 2년에
걸쳐서 완성되었다. 그는 "모든 것은 내가 결정하지만 영화의
질료들은 촬영 전에 이미 마련되어 있다"라고 약간은 모순적으로
강조하기도 한다.

벨라 타르는, 적어도 그의 말에 따르면, 영화적 질료가 시간
속에서 배치되고 조각되는 행위와 관념의 중심에서 스스로를
배제한다. 질 들뢰즈는 알랭 로브-그리예의 문체가 예술의 사유

체계에서 자율성을 획득한 문학이라고 설명한다. 로브-그리예가
그의 소설 속에서 사물들에 대한 기나긴 묘사의 실타래를
깔아놓는 것은 '자율적인 문체'가 서사를 지배하고 서사의 진행을
지연시키면서 사물들 스스로가 말하도록 지켜보기 위해서이다.
마찬가지로, 벨라 타르가 배우들에게 장면의 대략적인 상황만
설명하고, 배우들이 스스로 자율성을 찾아내는 모험을 감행하도록
내버려둔 것은 그의 롱테이크가 사물과 인물을 동일한 관점에서
담으려는 노력이기 때문이다. 이를 통해 그는 모든 행동과 관계의
의미를 소멸하고, 미장센 안에서 즉각적으로 발생하는 사유-
불가능성을 통해 서사의 바깥에서 시간과 사물을 새롭게 사유하도록
유도한다. 이는 랑시에르가 언급한 '맹인의 시선'과 '마비된 자의
손'이 의미하는 것이다. 다시 말해 '손으로 더듬으면서 가시적 세계의
요소들을 배열하는 맹인의 시선', 그리고 '물체들을 전혀 잡지 않고
멀리서 건드릴 뿐인 시선의 마비에 의해 포착되는 것'은 중앙집권적
논리를 강제하는 스크린/뇌의 지배력을 해체하고, 세계의
이미지들을 자기 눈의 논리 하에 통제하려고 하는 자동기계적 사유
불능에서 해방하는 창조적 역량의 기본 전제가 된다.[17]

배우들에게 자율성을 되돌려주는 타르의 방법은 '맹인의 시선'과
'마비된 자의 손'으로 영화 이미지를 구축한다는 점에서 자동기계의
논리를 해체하고 전복한다. 로베르 브레송이 배우로 기용한

모델들은 영화감독의 지시에 따라 기계적이고 제한적으로 말하고
움직였지만, 완성된 영화 속 그들의 모습에서는 스스로 의도하지
않았던 자신의 내적 진실이 흘러나온다. 마찬가지로 타르의
영화에서, 구체적으로 〈사탄탱고〉의 마을 의사, 〈베크마이스터
하모니즈〉의 야노시는 배우들의 현실과 영화 속 캐릭터의 설정이
구분되지 않는 모호한 접점으로부터 내적 진실이 흘러나온다.
타르는 로젠바움과의 인터뷰에서 〈사탄탱고〉의 마을 의사가
앉아있는 방을 세팅했던 경험에 대해 들려주는데, 배우인 페터
벨링에게 앉을 의자를 직접 고르게 하고, 그가 강박적으로 사물들을
정리하는 방식을 영화에 그대로 반영했다고 한다.[18] 롱테이크의
지속시간 동안 벨링은 자기 자신을 연기하는 동시에 마을 의사의
특징들을 스크린 타임에 각인시키고 있다. 관객은 벨링이 움직이는
모습, 창밖을 바라보는 눈빛, 자신이 본 것을 노트에 옮겨 적는
시간 속에서 언어로 전달되지 않는, 순수한 신체 이미지 내부에서
흘러나오는 인간의 실체를 본다.

V. 결론

영화 〈사탄탱고〉에서 벨라 타르는 급진적인 일련의 형식적
장치들과 체계적으로 패턴화하는 순환적 서사구조를 완성했다.

그것은 표면적으로는 모더니즘 영화의 관습을 차용하여 사실주의적 지속 영화의 형태로 우리를 초대하는 한편, 새로운 영화적 사유를 열어주는 담론의 장을 제공한다. 벨라 타르의 영화는 관객들에게 줄거리를 운반하는 장치들을 섬세하게 배치하는 데 신경 쓰기보다, 영화의 시청각적 이미지를 통해 현실 세계에 대한 감각들을 새롭게 사유할 수 있는 시공간적 연속체를 구성하는 데 모든 노력을 기울인다. 그로 인해 우리는 더 본질적인 것에 집중할 수 있다. 영화의 프레임 안에서 사물과 환경과 인물이 서로 침투하고 영향을 주고받는 바로 그 시간 동안, 반복되는 고통, 또 다른 삶의 감각, 그리고 다른 삶의 꿈을 좇고 이 꿈의 속임수를 견디기 위해 마련된 삶의 존엄성 한가운데로 들어가는 경험이다.[19]

벨라 타르는 우리에게 가장 지적인 영화는 어쩌면 가장 신체적인 영화일지도 모른다고 귀띔해주는 듯하다. 다양하고 현란한 카메라 움직임과 인물의 블로킹, 세련된 매치 컷으로 이루어진 현대의 상업 영화 스타일은 '감각적'이라고 불리지만 사실 영화 속 현실에 대한 관객의 감각을 '마비'시켜 영화가 제공하는 환상을 소화하기 최적화된 형식이다. 벨라 타르의 롱테이크는 그것이 비록 환영을 불러일으키는 (카메라 시점의 환영) 방식으로 구성되었다고 하더라도 사각형 프레임 너머에 존재하는 현실에 관객을 깨운다. 왜냐하면 이 영화는 '영화 매체 자체'가 아니라 매체가 간과한 모든

것을 불러들이는 드문 영화이기 때문이다.[20]

벨라 타르는 〈사탄탱고〉에서 급진적인 롱테이크와 트래킹 쇼트의 사용, 순환적 내러티브 구조의 구축, 영화적 질료의 자율적 구성을 통해 이미지의 시간성을 지각할 수 있게 만들고, 순환하는 시간에 갇힌 인간적 조건을 탐구한다. 이 영화의 이미지가 만들어내는 의미 체계는 이중적이다. 비와 바람, 안개, 진흙, 모호한 소실점, 방류된 소들과 도망친 말들이 영화 전체를 지배하는 '기상학적 압력'으로 작용하며, 이는 대사와 아코디언의 곡조, 발소리, 탱고 스텝, 카메라의 원형-순환 운동의 반복으로 변형된다. 영화의 서사는 인물과 사건 간 작용과 반작용, 원인과 결과의 굴레에서 벗어나 진흙투성이 도로 위로, 안개에 휩싸인 푸스타로, 돌풍이 휩쓸고 있는 텅 빈 도시로 침투하고 스며든다. 이것이 타르가 성취한 물질적인 서사이며 시간의 물질화이자 사물의 신체화다. 이러한 신체-환경-사물-효과의 식별 불가능성은 영화 이미지를 마주한 우리들의 사유를 스크린/뇌의 논리체계에서 해방하고, 영화적 상상의 새로운 장을 열어준다.

물질성과 신체성에 초점을 맞추는 접근법은 카를로스 레이가다스, 차이밍량, 거스 밴 샌트의 '시각적 사실주의'와 같은, '공간적 지리와 신체적 지리, 그리고 이러한 지리들이 겹치는 교차로'를 시각화하는 현대 예술가들의 작품에서도 두드러진다.[21]

슬로우 시네마라고 불리는 일련의 영화적 실천에서 벨라 타르의
방법론이 미치는 영향력은 네메스 라슬로의 〈사울의 아들Son
of Saul〉(2015), 거스 밴 샌트의 〈게리Gerry〉(2002), 그리고 페드로
코스타와 아핏차퐁 위라세타쿤의 작품들에서도 확인할 수 있다. 이
감독들은 벨라 타르가 영화제작에서 은퇴한 후 설립한 사라예보의
영화학교에서 초빙 강사로 학생들을 가르치기도 했다. 〈사울의
아들〉에서 네메스의 카메라는 공간적 연속성을 건너뛰고 신체와
신체 사이를 엮어주는 주관적 시점의 롱테이크를 보여준다. 하지만
영화의 무대인 유대인 수용소의 공간은 신체와 그 신체의 움직임을
매개로 그려지고, 더 나아가 공간의 소음과 신음, 기계가 내는
마찰음, 여기저기서 들리는 작은 목소리들로 형상화된다. 구스 반
산트의 〈게리〉는 중심 서사를 지워버리고 그 빈자리를 두 인물,
'게리'라는 동명이인을 연기하는 케이시 애플렉과 맷 데이먼의
걷는 신체에게 내준다. 그들의 걸음걸이가 그려내는 공간적 궤도는
미국 서부 황야를 미로처럼 보이게 만든다. 이는 심리적으로 혹은
신체적으로 죽음에 이르는 하나의 의식이나 다름없다. 죽음으로
들어가는 보행이라는 메타포는 〈사탄탱고〉에서 에슈티케가
빗속에서 걸어가는 롱테이크 장면과 맞닿는다. 끊임없이 쏟아지는
비, 어둠 속에서 빛나는 눈동자, 리드미컬하게 반복되는 발걸음
소리는 에슈티케의 영혼을 조금씩 잠식하는 죽음의 여정을 더할

나위 없이 우아하게, 그리고 절망적으로 표현한다.

벨라 타르는 첫 번째 작품부터 마지막 작품까지 배반당한 희망, 깨진 약속, 헛된 노력과 우스꽝스러운 선택으로 인해 인물들이 비참한 출발점으로 되돌아오는 여정을 다룬다. 그러나 타르의 이야기는 등장인물들이 중독된 불행이나 허무주의로 귀결되는 대단원에 관한 것만은 아니다. 타르가 직접 언급한 것처럼, 그는 인간의 존엄성이 긍정되는 상태에 관심을 갖고 있다. 영화의 등장인물들은 모두 나락에 빠지더라도 희망을 놓지 않으며, 그것이 거짓된 희망이라 할지라도 끝까지 자신의 존엄을 지키기 위해 투쟁하는 얼굴들이다. 타르의 영화가 세계를 드러내는 방식은 이미지를 통해 세계의 사본을 만들어내는 것이 아니라 세계 그 자체, "나타나는 것의 총체, 즉 존재하는 것의 총체"[22]를 만들어내는 것이다.

*　　이 글은 2021년 서경대학교 교내연구비 지원에 의해 이루어진 「영화의 움직임과 시간, 서사구조에 대한 연구: 벨라 타르의 〈사탄탱고〉를 중심으로」를 수정·보완한 것임.

1　Andre Bazin, 박상규 역, 『영화란 무엇인가?』, 사문난적, 2013, p.184.

2　위의 책, p.107

3　Matthew Flanagan, "'Slow Cinema': Temporality and Style in Contemporary Art and Experimental Film", University of Exter, 2012, p.4.

4　Laura Mulvey, Death 24x a Second: Stillness and the Moving Image, London: Reaktion Books, 2006, p.129.

5　Andras Balint Kovács, The Cinema of Béla Tarr: The Circle Closes, Wallflower Press, 2013, p.5.

6　들뢰즈는 〈시네마 2〉에서 현재의 첨점에서 생성되는 시간-이미지는 "분명하게 구별되지만 식별불가능하"고 "끊임없이 교환되는 현실태와 잠재태"이며 그것은 "이미지를 응축"시키고 "현실적인 이미지를 즉각적이고 대칭적으로 연속적인, 혹은 동시적인 일종의 분신"을 찾는 결정체-이미지를 탄생시킨다고 이야기했다. 타르의 영화에서 지속적으로 등장하는 관객-시선과 인물-시선이 서로 교차되고 식별불가능한 순간을 만들어내는 지점을 결정체-이미지의 개념에서 이해해볼 수도 있을 것이다. 출처: Gilles Deleuze, 이정하 역, 『시네마 2』, 시각과 언어,

7　Kovács, 위의 책, p.24.

8　Emile Breton, 'Quelques jalons dans une oeuvre vouee au noir', Vertigo, 41, 2001, p.100.

9　Kovács, 위의 책, p.48.

10　김호영, 『영화이미지학』, 문학동네, 2014, pp.355-359.

11　Andre Bazin, 위의 책, p.101

12　Martin Kudlac, "Be More Radical Than Me!": A Conversation with Béla Tarr", MUBI,2016https://mubi.com/notebook/posts/be-more-radical-

103

1994 베를린국제영화제 포럼
〈사탄탱고〉 프리미어 상영 후 관객과의 대화

진행: 울리히 그레고르

참석: 벨라 타르, 크러스너호르커이 라슬로,

흐라니츠키 아그네슈, 페터 벨링

벨라 타르의 〈사탄탱고〉는 1994년 포럼에서 최초 상영되었다.
델피 팔라스트에서 열린 Q&A는 헝가리어와 미클로시 기메슈의
독일어 동시통역으로 진행되었다. 감독 벨라 타르를 비롯해
편집자이자 공동 각본가 흐라니츠키 아그네슈, 원작 소설의 작가
크러스너호르커이 라슬로, 마을 의사 역의 페터 벨링이 대화에
참여했으며, 포럼 대표 울리히 그레고르가 진행을 맡았다.

울리히 그레고르

(이하 그레고르):　　이 장대한 영화에 관한 대화를 시작하기에

앞서, 〈사탄탱고〉는 벨라 타르 감독의 가장 최근작이

만들어지기 전부터 이미 제작 논의가 진행 중이었다는

사실을 언급하고 싶습니다. 이 프로젝트는 어떤 단계를 밟아

왔나요? 어떻게 영화 제작에 대한 아이디어가 떠올랐고, 왜

영화를 완성하기까지 이토록 오래 걸렸나요?

벨라 타르

(이하 타르) : 다 말하자면 정말 긴 이야기입니다. 영화보다
더 길 수도 있어요(웃음). 저는 1985년에 크러스너호르커이
라슬로의 소설을 처음 읽었고, 읽자마자 마음에 들었습니다.
정말 굉장하다고 생각했죠. 그 당시 많은 일이 벌어지고
있었고, 저희는 여러 외압을 견뎌야 했습니다. 하지만
지금은 마침내 영화가 이곳에 도착했고, 여러분도 감상할
수 있죠. 정말 많은 사람이 저희를 도와준 덕분이에요. 저는
특히 오늘 이 자리에 없는 알프 볼트*에게 감사를 전하고
싶습니다. 그의 도움이 없었다면 우리는 이 자리에 앉아있지
못했을 거예요.

그레고르 :

크러스너호르커이에게도 영화에 관해 질문드리고
싶습니다. 이 영화를 이곳에서 감상하는 것은 당신에게 어떤
의미를 갖나요? 제가 알기로 이 영화는 단순히 벨라 타르가

---

* 베를린 아스날 키노의 프로그래머, 〈사탄탱고〉 제작 투자를 위해 힘썼던
  인물로, 〈사탄탱고〉 공개 1년 전인 1993년에 세상을 떠났다.

당신의 소설을 각색한 것을 넘어, 당신이 영화 제작의 모든
단계에 참여하며 긴밀히 협업한 결과물입니다.

크러스너호르커이 라슬로

(이하 크러스너호르커이): 벨라 타르와 함께했던 작업은 상상
이상으로 긴밀한 과정이었습니다. 이건 벨라 타르 개인에
관한 것일 뿐만 아니라 영화라는 장르 전반에 관한 것이기도
합니다. 제게 영화는 언제나 낯선 무언가이고, 저는 제가
직접 참여한 영화가 끝나고 이 자리에 앉아 이야기하고
있는 게 너무 놀랍습니다. 영화만 그런 건 아닙니다. 문학도
저에겐 낯선 존재입니다. 제 책이 출간되었다고 이런 자리에
앉아 신간에 관해 이야기하는 것도 저에겐 너무 어색한
일입니다. 제 일상과 동떨어진 상황에서 저를 발견하는 건
정말 이상한 기분입니다. 제게 제 책과 제가 협업한 영화는
분리할 수 없습니다. 이 둘은 모두 제 안에 있는 절망에서
나온 것입니다. 그렇기 때문에 제가 지금 느끼는 절망을
이야기하지 않기란 어려운 일이죠. 이 절망은 벨라와
작업하는 원동력이기도 했습니다.

한번은 제가 헝가리에서 책을 내고 벨라와 함께 바에 갔던

적이 있습니다. 그때 문득 저희 둘은 이 절망이란 게 사실
그리 특별한 게 아니라는 걸 깨달았죠. 여기 앉은 여러분
중 대부분은 그날 바에 있던 우리와 같은 방식으로 절망과
씨름하고 있으리라 생각합니다. 당신을 고통스럽게 하는
바로 그 절망이요. 그리고 우리의 유일한 과제는 완성된
결과물과 절망 사이의 거리를 명확하게 하는 것입니다. 이
깊은 절망 속에서도 우리는 여전히 〈사탄탱고〉를 만드는 게
가능했다는 사실을 말씀드리고 싶습니다. 그 바에서 우리는
서로 우리가 겪는 절망의 진짜 이유에 관해 길게 이야기할
필요가 없었습니다. 대신 절망과 무기력은 다르다는 결론을
내렸습니다. 절망이 무기력을 의미하지 않습니다. 이미 알고
계실지라도, 저는 이 점을 다시 한번 강조하고 싶습니다.
절망은 무기력을 의미하지 않으며, 창의성의 결여를
의미하지도 않습니다. 우리가 함께 영화를 만들기 시작했을
때, 우리는 우리가 왜 영화를 만들고 있는지 설명할 필요가
없다고 느꼈습니다. 정말 선명하고 납득할 수 있는 일이라고
생각했죠.

관객 :

저는 작가님께 당신이 상상한 책 속의 장면이 영화 속

이미지로 만족스럽게 구현되었다고 생각하는지 질문하고
싶습니다. 왜냐하면 문학 작품을 영화로 각색했을 때,
그 결과가 원작자의 예상과 일치하지 않는 건 꽤 흔한
일이니까요. 그래서 이번 영화화가 작가님이 마음속에
가지고 있던 이미지와 어긋난 부분은 없었는지 알고
싶습니다.

크러스너호르커이 :

첫 번째 질문만 답할 수 있겠군요. 저는 이 영화에 굉장히
만족합니다. 저는 문학을 영화로 각색하는 걸 이해하지
못하는 사람이었어요. 하지만 이건 각색이 아닙니다. 어떤
본질적인 것이 영화와 책을 서로 연결해주는 것뿐이죠. 두
번째 질문, 제가 가진 이미지가 감독의 이미지를 방해하진
않았는지는 벨라에게 물어봐야겠군요.

타르 :

일단 먼저 말해둘 것은, 『사탄탱고』는 아주 훌륭한 문학
작품이며, 저는 지난 몇 년간 그 소설을 읽고 또 읽었고,
여전히 아주 사랑하고 있다는 사실입니다. 우리는 이
소설을 위한 시네마적 형식을 찾고 있었죠. 한편으로 우리는

이 소설을 필름메이킹 그 자체에 관해 이야기할 일종의
핑계로 삼기도 했습니다. 그리고 우리의 삶과 일상에 관해
말하고 싶은 마음도 살짝 있었죠. 아주 단순하게 말하자면,
『사탄탱고』는 우리에게 '우리의 과제는 무엇인가', 또는
'문학의 과제는 무엇인가'를 질문합니다. 동시에 우리는
스스로 '영화의 과제는 무엇인가'도 질문할 필요가 있죠.

그럼, 영화란 대체 뭘까요? 이야기는 어떻게 만들어지는
걸까요? 시간은 어떻게 이뤄져있나요? 이 범주들은 어떻게
작동하고, 어떻게 서로 영향을 끼치는 걸까요? 우리는
어떻게 살고 있으며 이 상태에서 무엇을 추구해야 할까요?
우리는 무엇을 보고 있나요? 이 테이블의 모서리가 어떻게
생겼는지, 재료는 무엇인지 이런 게 중요해지는 순간이
올까요?

우리가 대답해야 하는 모든 질문이 우리의 작업, 우리의
영화, 그리고 우리의 일상에 담겨있습니다. 그리고 결정적인
대답이란 건 존재하지 않죠. 이 질문들에 관해 생각하면
할수록 우리는 점점 더 확신을 잃습니다. 그리고 우리가
정말 정직한 사람이라면, 우리가 답을 찾을 수 없다는

사실을 인정해야만 하죠. 만약 어딘가 명백하고 특정한 답이 존재한다면 얼마나 좋을까요. 우리는 이미 우리에게 도착했기 때문에 더 이상 질문할 필요가 없는 것과 여전히 질문으로서 다가오고 있는 것을 구분해야 합니다. 영화 작업에서도 마찬가지로, 우리가 '이미' 아는 것과 '아직' 모르는 것 사이에 선을 잇는 일이 가능합니다. 바로 이런 문제의식들이 우리가 작업 속에서 끊임없이 다루는 사유의 대상입니다.

관객 :

시간의 흐름을 다루는 방식은 이 영화의 중요한 요소입니다. 여러 관점을 사용한다는 점도 중요하죠. 영화는 때때로 시간을 거슬러 올라가 같은 사건을 다른 시점에서 다시 보여주기도 합니다. 저는 그것이 매우 흥미롭게 느껴졌습니다. 왜냐하면 그 외의 대부분 장면은 거의 실시간으로 전개되기 때문입니다. 이런 구조가 소설에도 등장하나요?

타르 :

여러 시점을 사용하는 것은 문학적인 요소이기도 합니다.

그리고 소설에서도 정확히 그런 서술이 등장합니다. 하지만
영화에서는 어떤 사건을 다른 관점에서 보여주려면, 관객이
이해할 수 있도록 그것을 실제로 다시 반복해서 보여줘야
합니다. 반면, 책에서는 훨씬 더 빠르게 그걸 해낼 수 있지요.
이 펜은 아무것도 볼 수 없지만, 카메라는 항상 무언가를
봅니다. 카메라는 언제나 어떤 대상을 필요로 합니다.
결정적인 차이는, 나는 이 펜으로는 마음껏 장난칠 수
있지만, 카메라로는 그럴 수 없다는 점입니다.

관객 :

감독님의 첫 번째 답변과 관련해 덧붙여 묻고 싶습니다.
저는 이 영화가 놀라울 만큼 시각적인 체험이라고
생각합니다. 마치 영화 이론가들이 오랫동안 기다려온
작품처럼 느껴지기도 하고요. 그런데 제가 제대로 이해한 게
맞다면, 감독님께서는 세계나 인간의 이미지보다 영화에 관한
영화, 즉 메타 영화적 관점이 더 중요하다는 뜻인가요?

타르 :

아니요. 우리에게 가장 중요한 것은 삶입니다. 영화는
우리의 삶의 일부이기 때문에, 이 둘을 분리할 수는

없습니다. 우리를 둘러싼 세계가 중요합니다. 지금 이
나라의 상황은 어떤가, 거리의 상태는 어떠한가, 사람들의
얼굴은 어떤 표정을 짓고 있는가, 이런 것들이 중요하죠.
우리는 우리가 일상적으로 보고 경험하는 것들을 반영할 수
있는 표현 방식을 찾고 있습니다.

모든 것을 설명할 수 있는 철학도, 모든 것을 편리하게
규정할 수 있는 이념이나 창조 행위도 존재하지 않습니다.
오직 감정만이 있을 뿐입니다. 우리는 감정을 피부로 느끼며
사물들을 기록하고, 그것을 통해 무언가를 전달하려 합니다.
그리고 이런 감각 중 하나가 바로 카메라입니다.

1994. 2. 8
「Arsenal - Institut fuer Film und Videokunst e.V.」 /
Discussion with Béla Tarr about "Sátántangó"

BÉLA TARR

BÉLA TARR

인터뷰 I : "시간은 매우 잔인하다, 오직 몇몇 영화만이 살아남는다"

〈사탄탱고〉 25주년,

헝가리의 전설적인 작가 감독이 회상하는 그의 1994년 작.

그레그 웨더럴

베를린 사보이 호텔의 홀을 가로지르는 벨라 타르의 입술은 질문을 머금고 있다.

"이 인터뷰는 길게 할 건가요, 아니면 짧게 할 건가요?"

그의 재빠른 대답이 잠깐의 망설임을 끝낸다.

"짧게 하죠!"

63세인 그의 두 눈은 짓궂게 반짝거린다. 그는 잠시 담배를 태우고 오겠다며 양해를 구한다.

〈사탄탱고〉는 그 명성이 앞서는 영화다. 7시간 30분에 달하는 러닝 타임과 더불어, 이 작품은 은퇴한 헝가리 영화감독의 가장 인상 깊은 예술적 진술로 여겨진다. 관객을 봉인하는 광대하고 황폐한 분위기, 그리고 인내심을 시험하는 듯 느리게 이어지는 페이스 때문이다. 그러나 이를 끝까지 견뎌낸 이들에게 〈사탄탱고〉는 인간의 절망에 대한 지울 수 없는, 작열하는 영화적 성찰을 남긴다.

25주년을 기념하며, 이 영화는 아르벨로스 필름스(Arbelos Films)의 후원으로 4K 복원 작업을 거쳤다. 원로 작가 감독 벨라 타르는 이 사실에 관해 이야기하기에 앞서, 의자에 앉아 오늘날을 톺아본다.

"요즘 영화들은 대부분 만화처럼 보입니다. '시간'을 무시하고 있어요."

그는 지친 듯이 말한다. 더 자세히 설명해달라는 요청에, 타르는 그의 상징적인 롱테이크 기법을 언급한다.

"초창기부터 나는 카메라가 돌아가고 전체 장면이 움직일 때, 모두가 같은 리듬으로 숨을 쉬기 시작한다는 걸 깨달았어요. 배우들, 스태프들, 촬영감독, 모두가요. 모두가 '안'으로 들어가는 거죠. 그리고 이건 아주 중요합니다. 특별한 긴장감을 만들어내고, 독특한 진동을 발생시킵니다. 그것은 어떻게든 스크린을 통해 느낄 수 있죠.
여러분도 그 일부가 되는 겁니다."

시각적 측면에서, 〈사탄탱고〉는 1994년 이전에 타르가 이미
확립한 청사진에서 크게 벗어나지 않는다. 1984년 〈가을〉과 1988년
〈파멸〉에서 나타났던 스타일적 특징들이 더 거대한 스케일로
확장되었을 뿐이다. 이 영화의 가장 야심찬 요소는 아마도
내러티브일 것이다. 제목이 암시하는 탱고처럼, 총 12개의 챕터를
밀고 당기는 이 영화는 여섯 걸음 앞으로 갔다가 여섯 걸음 뒤로
돌아온다.

〈사탄탱고〉는 외딴 시골 농업 공동체가 직면하는 몰락의
연대기다. 한때 죽은 것으로 여겨졌던 수수께끼 같은 동료(비그
미하이가 분했으며 영화의 몽환적이고 카니발 같은 음악도
담당했다)가 마을로 돌아오고, 이는 절망적인 마을 주민들에게
두려움과 희망을 동시에 불어넣는다.

"한 달 전에 〈사탄탱고〉를 다시 봤는데, 솔직히 말해서 단
하나도 바꾸고 싶지 않았어요. 25년이라는 시간은 어떤 것이 좋은지
아닌지를 보여주기에 충분합니다. 수많은 영화가 사라지죠. 마치
휴지 조각처럼요. 쓰고 나면 버려지는 겁니다. 시장이 돌아가는

방식이죠. 시간은 매우 잔인하고, 오직 몇몇 영화만이 살아남습니다.”

타르의 말이 웨이터에 의해 가로막힌다. 웨이터는 테이블 위에 음료를 내려놓고, 감독으로부터 ‘생명의 은인’이라며 감사 인사를 받는다. 타르는 유리잔을 손으로 어루만지며 생각을 가다듬는다. 대화는 〈사탄탱고〉의 원작자인 크러스너호르커이 라슬로와의 직업적 관계로 이어진다.

“우리는 1985년에 〈사탄탱고〉를 만들고 싶었어요. 하지만 당시 부다페스트의 공산당이 많은 것을 막았죠. 그땐 불가능했어요.”

억압된 정치적 분위기에 가로막힌 두 사람은 〈사탄탱고〉 대신 〈파멸〉에 집약된 에너지를 쏟기로 했다. 〈파멸〉이 개봉한 직후, 타르는 편집자이자 아내인 흐라니츠키 아그네슈와 함께 헝가리를 떠나 서베를린으로 향했다. 그들이 독일에 머무는 동안, 고향에서는 중요한 사회적 변화가 일어나고 있었다. 1956년부터 헝가리 사회주의 노동자당을 이끌어온 공산주의 지도자 카다르 야노시가 물러났고, 이후 전보다 자유로운 시대가 열렸다. 타르는 이 사건이 그의 커리어에 결정적인 순간이었다고 회상한다.

“1990년 베를린국제영화제에서 어떤 사람이 다가와 저에게 이렇게 말했어요. ‘헝가리가 변하고 있습니다. 이제 돌아와도 됩니다.’ 그래서 저는 돌아갔고, 그제야 비로소 〈사탄탱고〉를 시작할 수 있었습니다."

타르는 영화의 배경으로 헝가리 대평원의 일부인 호르토바지 지역을 선택했다. 이 지역의 진흙투성이 비포장도로, 들판과 숲은 영화의 차가운 톤과 잘 어울리는 엄혹하지만 인상적인 캔버스를 제공했으며, 궁극적으로는 그 자체로 등장인물과 같은 존재감을 발산한다.

"헝가리 저지대 똥 밭에서 다 함께 120일 동안 촬영한 건, 신체적으로 정말 끔찍했어요. 하지만 정신적으로는 놀라웠습니다. 그 시간, 그 고독이요."

우리는 더 세밀한 주제인 〈사탄탱고〉의 악명 높은 고양이 장면으로 화제를 전환한다. 이 장면에서 버림받은 소녀 에슈티케(보크 에리카)는 고양이를 콘크리트 바닥에서 굴리고 던지며 장난을 치고, 결국 그 고양이를 독살한다. 이 시퀀스는 오늘날까지도 논란의 대상으로 남아있다. 동물 학대 문제를 제기하자, 타르는 마치 그런 우려를 처음 듣는다는 듯 의자에서 몸을 곧추세우고 눈에 띄게 뻣뻣해진 채 말한다.

"제정신입니까?" 타르는 날카롭게 말한다. "저는 집에서 두 마리의 고양이를 키웠어요. 제가 고양이를 죽일 거라고 믿나요? 절대 아니에요! 우선, 우리는 고양이 장면이 있을 거라는 걸 알고 있었고, 고양이가 소녀와 함께 리허설해야 한다는 것도 알고 있었어요. 매일 호텔 방에서 그들은 그런 '회전' 놀이를 했죠. 결국 고양이는 그것에 익숙해졌고, 신경 쓰지 않았어요.

우리는 고양이가 죽어야 한다는 걸 알고 있었어요. 그래서 우리 집 고양이를 돌봐주던 수의사를 촬영 현장으로 불렀습니다. 저는 그에게 이렇게 말했어요. '고양이에게 수면 유도제를 주사하세요. 고양이가 잠들기 시작했다고 신호를 주면 우리는 카메라 버튼을 누를게요.' 우리는 그의 신호에 맞춰 촬영했고, 고양이는 잠이 들었어요. 촬영팀은 모두 고양이 주위에 서서 잠에서 깰 때까지 25분 동안 기다렸죠. 전혀 문제가 없었어요. 고양이는 아무런 고통을 겪지 않았어요. 저를 믿으세요. 영화에 나오는 고양이 소리는 모두 인터넷의 음향 아카이브에서 찾은 샘플들이에요. 고양이는 아무 소리도 내지 않았어요."

〈사탄탱고〉는 여러 면에서 전형적인 타르 영화로, 감독의 모든 특징이 스며들어있다. 느릿한 롱테이크, 방황하는 트래킹 쇼트, 거칠고 불쾌한 날씨, 그리고 자신들의 소박한 삶을 이어가기 위해 고군분투하는 인물들이 마주하는 무심한 세계까지. 자기 작품에 대한 수 년간의 비평에 대해 타르는 이렇게 말한다.

"어떤 사람들은 '당신의 영화는 슬프다' 같은 멍청한 소리를 합니다. 저는 이렇게 묻고 싶습니다. 극장을 나설 때 기분이 어땠나요? 당신이 더 강해졌다고 느낀다면, 저는 기쁠 겁니다. 당신이 더 약해졌다면, 유감입니다."

추억을 되새기는 이 찰나에도, 타르는 노스탤지어에 젖는 걸 배격한다.

"저는 새로운 것을 좇고 있어요. 저는 창조적인 사람이고 뭔갈 창조해야만 해요. 그렇지 않으면 저는 죽을 거예요."

2011년 〈토리노의 말〉을 끝으로 34년간의 영화 경력은 막을 내렸지만, 타르는 확실히 지난날의 명예에 안주하지 않았다. 그는 사라예보의 영화학교 '필름.팩토리(film.factory)'에서 교수 겸 프로그램 책임자로 활동했으며, 암스테르담의 아이 필름뮤지엄(Eye Filmmuseum)에서 영화, 연극, 설치미술을 결합한 하이브리드 작품 「세상이 끝날 때까지」를 기획하기도 했다. 또한 여러 영화 아카데미에서 초빙 교수로 활동하며, 최근에는 다큐멘터리 〈잃어버린 사람들〉을 완성했고, 이 영화는 올해 말에 공개 예정이다. 그러나 그는 자신의 장편 영화 제작은 더 이상 없다고 못 박았다.

"우리는 다 함께 이 영화들을 만들었어요. 미하이, 라슬로,

아그네슈, 그리고 저요. 라슬로는 작가였고, 미하이는 음악가였으며,
아그네슈는 편집자였어요. 나는 그저 지휘자였죠. 나는 그들을 모두
하나로 묶은 사람에 불과해요."

독특한 스타일로 의심의 여지 없이 관객들의 지평을 넓히고
영화의 가능성을 확장한, 단일한 예술가의 겸손한 제스처다.

2019. 2.26
Greg Wetherall
「Little White Lies」 / "Time is very cruel, only some films survive"
— BÉLA TARR on Sátántangó at 25

인터뷰 II : 〈사탄탱고〉와 벨라 타르, 할리우드와 디지털

바딤 리조프

벨라 타르와의 인터뷰는 마치 종교 경전을 읽는 것처럼 예상을 벗어나지 않는다. 그는 차분하게 이야기하지만, 글로 읽으면 격양된 듯 보일 수 있다. 하지만 그의 거친 표현들은 화가 난 것이 아니라 일종의 구두점이다. 〈사탄탱고〉 개봉 25주년을 맞아, 타르는 이 영화의 4K 복원판 개봉과 관련해 인터뷰에 응했다. 이번 복원은 아르벨로스 필름스에서 진행했으며, 10월 18일부터 링컨 센터에서 제한적으로 재개봉한다. 나는 전설적인 감독과 이야기할 기회를 놓칠 수 없었다.

바딤 리조프

(이하 리조프) : 올해 초 당신의 인터뷰를 몇 편 읽었는데, 이제는

과거 작품에 관해 이야기하는 것을 별로 좋아하지 않는다고

하셨더군요. 그리고 〈사탄탱고〉에 대해서는 정말 많이

이야기하셨죠. 그래서 대신, 이번 복원의 색 보정 작업이

어땠는지 여쭤보고 싶습니다.

벨라 타르

(이하 타르) : 글쎄요. 그냥 상영실에 앉아서 보정 작업을 했습니다.

몇 가지 수정이 있었어요. 그게 전부입니다. 무엇을 알고

싶으신지 모르겠네요. 저는 그냥 관객의 입장이었어요.

물론 작업에 깊이 관여했지만요. 하지만 아주 단순한

작업이었습니다.

리조프 :

어떤 부분을 수정하셨나요? 처음 필름 프린트를 만들었을 때

제대로 나오지 않았던 것들이 있었나요?

타르 :

하나 말씀드리죠. 이 영화뿐만 아니라 제 모든 영화는 제
기억 속에 아주 강하게 남아 있습니다. 거의 프레임 단위로
기억해요. 왜냐하면 영화를 만들 때 프레임 단위로 계획했기
때문이죠. 내가 무엇을 원했고, 어떻게 만들었는지, 어떻게
보이길 원했었는지 다 기억합니다. 이번 복원을 통해, 한
90퍼센트 정도는 원하던 바를 이뤘다고 생각해요. 왜냐하면
디지털은 35mm 필름과 완전히 같을 수는 없으니까요.
그래도 거의 근접했습니다. 우리가 할 수 있는 최선을
다했죠. 그걸로 충분합니다. 하지만 이건 기술적인 문제일
뿐이에요. 누가 신경이나 쓰겠어요? 저는 신경 안 씁니다.
그것은 단지 수단일 뿐 목적이 아니니까요. 도구가 메시지나
본질보다 중요하다고 생각할 수 있나요? 누가 도구를 신경
쓰겠어요? 저는 아닙니다. 저는 그저 도구를 사용할 뿐이죠.

리조프 :

저는 2005년 뉴욕 현대 미술관(MoMA)에서 필름 프린트로
이 영화를 봤는데, 여러 번 상영한 탓에 정말 많은
스크래치가 보이더군요. 그렇다면 이 디지털 버전이 이
영화를 볼 수 있는 가장 좋은 방법이라고 할 수 있을까요?

타르 :

한 가지 말씀드리죠. 제게 이 영화는 35mm
셀룰로이드입니다. 저는 모든 작품을 35mm 필름으로
만들었습니다. 기술은 저에게 문제가 아닙니다. 오래된
프린트로 영화를 볼 때 스크래치 따위는 신경 쓰이지
않아요. 문제는, 디지털 영화는 새로운 언어가 되어야
한다는 것입니다. 하지만 사람들은 그것을 새로운 언어로
사용하지 않아요. 디지털 카메라를 가짜 필름 카메라처럼
보이게 사용하고 있죠. 왜 새로운 시각적 언어에 대해
고민하지 않는 걸까요? 디지털이 가진 빌어먹을 가능성을
봤다면, 오직 디지털 기술만이 구현할 수 있는 새로운
영상 언어를 창조할 수 있어야 합니다. 디지털 영상이
35mm 필름과 동일한 품질을 가질 거라고 믿는다면, 그건
정말 멍청한 일이죠. 절대 같을 수 없어요! 완전히 다른
방식 속 또 다른 가능성이 존재하고, 그것을 활용할 수도
있습니다. 그런데 왜 그렇게 하는 거죠? 이제 저는 카메라에
손대지 않기 때문에 제 일은 아닙니다. 하지만 여전히 많은
가능성이 열려 있습니다.

리조프 :

아이폰을 갖고 있나요? 혹시 핸드폰 카메라로 이런저런 촬영을 시험해 본 적 있나요?

타르 :

저에겐 이미지 자체가 가장 중요하기 때문에, 아이폰으로 만든 이미지는 별로 관심이 없습니다. 물론 아이폰으로 영화를 만들 수도 있겠죠. 하지만 제 일은 아닙니다. 다만, 저는 전 세계에 있는 젊은 영화인들과 제 학생들에게 아이폰으로 무언가를 시도해보라고 독려합니다. 아이폰을 단순히 필름 카메라처럼 사용하지 말고, 새로운 방식을 찾아보라고 말이죠. 얼마 전 일본에 다녀왔는데, 그곳에서도 학생들에게 아이폰으로 영상을 찍어보라고 했어요. 새로운 방식을 시도하고, 좀 더 실험적이고, 좀 더 혁신적으로 찍으라고 지시했습니다.

제 인생에서 처음으로 바이올린을 연주하는 여성을 담은 백남준의 비디오 아트(아마 「TV 첼로」를 말하는 듯하다)를 봤을 때, 저는 무척 기뻤어요. '아, 이제 우리가 모션 픽처의 새로운 길을 찾은 걸까?'라고 생각했죠. 제가 틀렸어요. 그냥 빌어먹을 할리우드 쓰레기뿐입니다.

리조프:

혹시 할리우드 영화를 많이 보셨나요?

타르:

물론 많이 봤습니다. 첫째로 그곳에는 훌륭한 사람들이
일하고 있습니다. 저도 그들의 작업을 좋아해요. 하지만
그렇다고 해서 제가 그런 영화를 만들고 싶은 열망을 가진
건 아니에요. 많은 사람들이 할리우드에서 일합니다. 물론
저도 그들의 영화를 지켜보고 있습니다. 저는 타란티노
영화를 좋아하고, 알폰소 쿠아론 같은 멕시코 출신의 미친
천재들이 할리우드를 점령해가는 게 좋습니다. 저는 그들을
인간적으로 좋아해요. 그들의 영화도 좋아하고요. 하지만
저는 그런 영화를 만들 생각이 없습니다. 저는 할리우드와는
거리가 먼 사람이에요.

리조프:

혹시 LA에 가서 미팅을 한 적이 있나요?

타르 :

제 인생에서 LA에 딱 세 번 가봤습니다. 그곳에 몇몇
사람들을 알고는 있지만, 거기서 제가 뭘 할 수 있겠어요?
꼭 거기서만 무언가를 해야 하는 건 아니죠. 할리우드의
아티스트들도 그들이 할 수 있는 것을 하거나, 하고 싶은
것을 합니다. 하지만 그들은 시장에 갇힌 포로들이에요.
저는 빌어먹을 공산주의 국가에서 자랐습니다. 그리고
우리는 정치적 검열의 포로였죠. 그런데 지금 저는 새로운
트렌드가 떠오르는 게 보입니다. 바로 '시장 검열'이
등장했어요.

이건 정말 위험한 일입니다. 시장의 검열은 정치적 검열과
다르지 않습니다. 제 말을 믿으세요.

리조프 :

영화 학교 일이 끝난 후, 정기적으로 학생을 가르칠 수 있는
새로운 장소를 찾고 있나요?

타르 :

아니요, 저는 그냥 떠돌며 여기저기 다니고 있어요. 저는

프랑스 국립미술학교에서 공식적으로 학생들을 가르치고
있습니다. 제 사라예보 영화학교는 사립대학의 일환으로
운영되었고, 당연히 학생들은 학비를 낼 능력이 없다 보니
결국 사라졌죠. 그래서 저는 지금 완전 프리랜서입니다.
하지만 계속 창작하고 있어요. 암스테르담에서 큰 전시회를
했고, 6월에는 빈에서 2시간 반짜리 프로젝트를 진행했어요.
영화, 연극, 설치미술, 라이브 음악을 포함한 정말 복잡한
프로젝트였죠. 아주 성공적이었어요. 저는 지루할 틈이
없어요. 지금은 바르셀로나에서 새로운 프로젝트를
진행하려고 협상 중입니다. 저는 작업 중, 창작 중입니다. 잘
지내고 있어요. 하지만 장편 영화를 만들 생각은 없습니다.

리조프 :

올해 초, 당신은 모든 영화의 국제판권을
럭스박스(Luxbox)에 팔았다고 발표했습니다. 이제 그들과
다시는 일을 하지 않을 것 같나요?

타르 :

제가 그들에게 판권을 판 이유는 그들을 신뢰하기
때문이에요. 그들이 좋은 일을 해줄 거라고 기대하고

있어요. 그들이 전 세계에서 제 영화를 상영할 거예요. 그게
전부죠. 저는 이제 그런 것들을 신경 쓰지 않아요. 제 나이쯤
되면 과거를 돌아보지 않아요. 앞으로 나아가야 하죠,
왜냐하면 남은 시간이 길지 않다는 걸 알기 때문이에요.
지금 해야 할 일을 해야죠. 이제 더 이상 쓸데없는 세부적인
것들에 신경 쓰지 않아요. 박스오피스나 그런 건 아무 의미
없어요. 제게 중요한 건 지금 하고 싶은 일만 남았다는
것이고, 그 일들은 곧 공개될 것입니다.

2019. 9.26
Vadim Rizov
「Filmmaker Magazine」 / BÉLA TARR on Sátántangó,
Hollywood and Digital

인터뷰 Ⅲ : 〈사탄탱고〉 30주년, 벨라 타르

"영화의 길이는 당신이 말하고 싶은 것에 달렸다"

알렉스 바레트

벨라 타르는 스몰 토크를 즐기지 않는다. 우리가 줌(ZOOM)으로 연결되었을 때, 나는 그에게 시간을 내줘서 고맙다고 말하며 이 인터뷰를 할 수 있어 기쁘다고 운을 뗐다. 그러자 그는 '너무 예의 차릴 필요 없으니 바로 원하는 걸 말하라'고 대답했다. 곧장 본론으로 들어가자는 그의 말과 달리, 미소를 띤 얼굴에는 기쁜 내색이 가득했다. 그래서 우리는 본론으로 들어갔다.

이번 인터뷰는 그의 역작 〈사탄탱고〉의 개봉 30주년을 맞아 진행되었다. 긴 러닝 타임과 늘어지는 템포, 그리고 풍부한 질감의 세계로 명성이 자자한 이 7시간짜리 영화는 종종 열정적인 시네필들에게 성배로 받들어진다. 〈사탄탱고〉는 2022년 「사이트 앤 사운드(Sight and Sound)」 선정 '역대 최고의 영화' 투표에서 공동 78위에 올랐다. 수전 손택은 "나는 남은 평생, 기꺼이 매년 이 영화를 볼 것이다"라고 말하며 〈사탄탱고〉를 사랑하는 많은 이들의 감정을 대변했다.

〈사탄탱고〉는 집단 농장의 붕괴 이후 새로운 삶을 계획하는 헝가리 외딴 마을 주민들의 이야기를 중심으로 한다. 하지만 그들의 계획은 마을 사람들과 그들의 재산에 대한 속셈을 가진 정체불명의 인물, '이리미아시'의 등장으로 엉망이 되기 시작한다.

이 영화는 종종 '공산주의의 몰락'을 다룬 작품으로 해석되지만, 타르의 복잡한 세계관 속에서 줄거리는 단지 많은 요소 중 하나일 뿐이다. 실제로, 영화는 약 8분 동안 소들이 진흙탕을 걸어가는 장면으로 시작한다. 강렬한 흑백 촬영과 긴 롱테이크, 횡보하는 카메라와 비선형적이고 미로 같은 구조는 이 영화를 타협하지 않는 예술가가 탄생시킨 가공할 위력의 영화로 만든다.

Q. 우리가 지금 이 대화를 나누고 있는 이유는 〈사탄탱고〉가 개봉한 지 30년이 흘렀기 때문이다. '시간'에 대한 이야기부터 시작하는 것이 흥미로울 것 같다. 당신은 과거에 '내 영화의 주인공은 시간이다'라고 말한 적이 있는데, 이에 대해 덧붙이거나 좀 더 자세히 설명해줄 수 있는가?

나는 이것이 영화 영상에서, 그리고 우리 삶 전체에서 핵심적인 문제라고 생각한다. 우리의 삶은 두 차원에서 이루어진다. 하나는 공간이고, 다른 하나는 시간이다. 내가 요즘 영화를 보러 가는 것을 좋아하지 않는 이유이기도 하다. 왜냐하면 영화 제작자들, 말하자면 이 자본주의자들의 영화 비즈니스는 시간과 공간을 무시하기 때문이다. 그들은 그저 이야기를 들려줄 뿐이다. 그런데 '스토리텔링'이라는 것이 정확히 무엇을 의미하는가? 우리는 살면서 거의 매일 같은 일을 반복한다.

내가 영화를 만들기 시작했을 때, 나는 일종의 '총체'를 보여주는 것, 우리의 삶을 단순한 방식으로 드러내는 것을 점점 더 큰 목표로 삼았다. 나는 우리의 삶이 그리 특별하다고 생각하지 않는다. 그저 흘러갈 뿐이다.

Q. 일부 평론가들은 당신과 유사한 방식으로 시간을 다루는 영화에 대하여 말할 때 '죽은 시간(temps mort, 또는 dead time)'이라는 표현을 사용한다. 이야기와 무관하게 '외재하는' 장면이라는 의미다. 하지만 당신의 영화에서는 그런 순간들도 내러티브를 전달하는 장면만큼이나 불가결한 요소처럼 느껴진다. 당신도 당신의 영화 속에 '서사적 순간'과 '비서사적 순간'의 구분이 존재한다고 생각하는가? 아니면 그런 식으로 말하는 사람들이 핵심을 놓치고 있는 것인가?

우리의 삶에는 언제나 기묘한 서사가 존재한다. 만약 당신이 내일 아침 가게에 가서 우유나 커피 같은 걸 산다면, 그것도 일종의 내러티브다. 그런데 '서사'란 정확히 무엇을 의미하는가? 앤디 워홀이 이런 말을 했다. "누구나 15분 동안은 스타가 될 수 있다." 데이비드 보위는 좀 더 관대했다. 그는 "우리는 단 하루 동안은 영웅이 될 수 있다"라고 말했다. 단 하루. 그리고 그것이 사람들이 원하는 것이다. 영웅이 되는 것. 당연히 우리는 모두 영웅이 되길 원한다. 자유롭고, 멋지고, 사랑과 찬사, 헌신을 받는 사람이 되고 싶다. 하지만, 어떻게 그럴 수 있을까? 인생은 그저 인생일 뿐이다. 그리고 당신은 내일 아침에 다시 가게에 가서 우유와 커피를 사야 한다.

이 영화의 첫 상영은 30년 전이었다. 하지만 우리가 이 영화를 구상하기 시작한 건 그보다 더 오래 전이었다. 그리고 나는 2011년에 이 빌어먹을 영화 제작을 그만뒀다. 시간에 대해, 사람들이 원하는 것에 대해 내가 무슨 말을 할 수 있을까? 나는 이제 69살이 다 되었다. 나는 내 삶에서, 그리고 전 세계를 다니며 너무나 많은 것을 봤다. 이제는 더 이상 아무것도 판단하고 싶지 않다. 젊었을 때는 쉽게 판단을 내렸다. 하지만 지금은 이렇게 말하고 싶다. "단 하루만이라도 영웅이 되어라."

Q. 당신의 작품은 '시간'뿐만 아니라 '질감'에도 집중한다. 빗방울이 진흙탕을 때리는 모습이라든가, 인물들의 옷감 같은 것들 말이다.

이러한 질감 덕분에 당신이 만든 작품에는 견고한, 구체적인
현실성이 느껴진다. 그런데 비평가들은 종종 당신의 영화에서
상징을 찾으려 한다. 〈사탄탱고〉가 나온 지 30년이 지난 지금,
사람들이 이 영화를 과대 해석하거나, 당신이 의도하지 않은
방식으로 영화를 읽는 경향이 있다고 생각하는가?

우선, 이 영화는 크러스너호르커이 라슬로의 소설을 원작으로
했다. 그의 첫 번째 소설이다. 그는 촬영 현장에는 없었지만 후반
작업 과정을 함께했다. 그는 그 당시 헝가리 저지대의 매우 보기 흉한
마당에서 젊은 시절을 보내며 일하고 있었기 때문에 이 소설을 쓸
수 있었다. 우리가 영화를 만들기 시작했을 때, 나는 그가 소설을 쓴
바로 그 장소를 직접 찾아갔다. 같은 현실을 보고 싶었기 때문이다.
그리고 그곳에 갔을 때, 나는 소설 속 인물들을 내가 책을 통해
읽었던 것과는 완전히 다른 방식으로 받아들였다. 그래서 나는 다시
그 현실로 돌아가야만 했다. 새로운 영화 언어를 개발해야 했고,
이 현실을 필름에 담을 방법을 찾아야 했다. 우리는 원작 소설을
일종의 지팡이처럼 사용하며 도움을 받았지만, 주요한 과제는 영상
언어를 통해 소설을 영화로 탈바꿈하는 우리만의 방법을 찾아내는
것이었다. 1대1(소설을 있는 그대로 각색하는 것)은 정말 멍청하고,
원시적이며 추할 따름이다.

Q. 이런 풍경들을 탐구하는 과정에 관해 이야기하자면, 당신은 이 영화가 특정한 시공간에 깊이 뿌리내린 작품이라고 생각하는가? 왜냐하면 이 영화는 '시간을 초월한' 느낌을 주기 때문이다. 그런데, 적어도 영국에서는 이 영화를 '동유럽 공산주의의 몰락'을 다룬 작품으로 해석하며 정치적인 의미를 부여하는 경우가 많다. 당신은 이 작품이 특정한 정치적 시대와 공간을 다룬 것이라고 생각하는가?

우리는 절대, 단 한 번도, 그 당시 시대나 실제 사건을 건드리려고 하지 않았다. 내 목표는 일종의 '영원', 또는 더 깊은 문제를 이야기하는 것이었다. 그래서 내 영화에는 시대가 드러나는 자동차 같은 물건이 나오지 않는다. 신문 1면에 날짜가 찍힌 모습도 절대 등장하지 않는다. 우리는 거리를 완전히 비워버리고, 시대를 암시하는 발행물이나 표지판도 모두 제거해버렸다. 그렇게 해야 영원한 결과물을 얻을 수 있다고 생각하기 때문이다. 당신에게 오늘 당장 지불해야 할 청구서가 있다는 걸 이해한다만, 당신의 삶은 그저 '딱, 딱, 딱' 해치우는 삶이 아닌, 좀 더 우주적이어야 하지 않겠는가?

Q. 당신의 작품에 영적인 차원이 있다고 말하는 사람들에게는 어떻게 응답하겠는가?

그건 영적인 게 아니다. 그저 일어나는 일일 뿐이다. 나는 '상징'이라는 단어를 좋아하지 않는다. 맹세코, 내 영화에서 일어나는 모든 것은 구체적이며, 지금, 이 순간 벌어지는 일이다. 당신도 그렇다. 그래서 나는 상징, 알레고리라는 말을 사용하지 않는다. 그것들은 '모션 픽처'와 어울리지 않는다. 왜냐하면, 현실에 존재하지 않는 것은 촬영할 수 없기 때문이다. 책상은 그냥 책상이다. 물론, 우리는 수천 가지 다양한 책상을 알고 있지만 말이다.

Q. 다시 시간의 개념으로 돌아가보자. 한 인터뷰에서 당신은 〈사탄탱고〉를 원래 6시간으로 계획했다고 말한 적이 있다. 하지만 촬영을 진행하면서 길이가 늘어났다고. 애초에 왜 그렇게 긴 러닝 타임을 계획했는지 궁금하다. 긴 러닝 타임이 꼭 필요했던 이유는 무엇인가? 짧은 러닝 타임이 줄 수 없는 긴 러닝 타임의 이점은?

소설에는 이리미아시가 연설하는 챕터가 있다. 내 기억이 맞다면 일곱 번째 챕터인데, 확실히 소설의 2부에 해당한다. 소설 전체의 구조는 탱고의 구조와 같다. 여섯 걸음 앞으로, 여섯 걸음 뒤로. 촬영할 때 우리는 이 연설 장면을 소설 그대로 찍었다. 관객이 이리미아시가 어떻게 사람들의 돈을 받아 가는지를 직접

보지 않으면, 그 의미가 명확해지지 않기 때문이다. 나는 아주 분명하게 보여주고 싶었다. 무엇이 일어날 수 있는지, 그리고 실제로 물리적으로 무슨 일이 벌어지는지를 말이다. 나는 좋아하는 감독이 많지 않지만, 이것만큼은 히치콕에게서 배울 수 있는 교훈이다. 실제로 일어나는 것을 찍으라는 것.

Q. 〈베크마이스터 하모니즈〉도 〈사탄탱고〉와 비슷한 길이로 만들자는 논의가 있었나? 원작 소설인『저항의 멜랑콜리』는 〈사탄탱고〉의 원작 소설보다 오히려 더 긴 작품인데.

사실은 이렇다. 라슬로가『저항의 멜랑콜리』원고를 내게 보내줬을 때, 나는 이 소설을 영화로 만드는 것이 불가능하다고 생각했다. 왜냐하면, 전 세계 어디를 찾아봐도 발루슈카 야노시(주인공)가 될 수 있는 사람이 없을 것 같았기 때문이다.

몇 년 후, 나는 베를린에서 젊은 영화인들과 함께 작업하는 중이었다. 그중 한 명이 캐스팅 세션에 라스 루돌프(야노시 역)를 불렀다. 그는 거리의 음악가였고 로큰롤 같은 걸 하는 사람이었다. 그는 트럼펫을 연주했다. 나는 모퉁이에서 그를 보았고, 순간적으로 '이 사람이 야노시가 될 수도 있겠다'는 느낌을 받았다. 그의 성격과 존재 방식이 나를 건드렸다. 결국, 우리가 〈베크마이스터 하모니즈〉를 만든 이유는 그 사람이었다. 그가 나를 촉발시켰다.

그 후 나는 라슬로에게 말했다. "좋아, 이제 영화를 만들기 시작하자." 하지만 나는 그에게 이렇게 덧붙였다. 소설 속 세 개의 큰 장 중에서 나는 중간 부분인 「베크마이스터 하모니즈」만 차용하고 싶다고. 첫 번째 장도 아름다웠다. 영화로 만들어도 됐다. 기차와 플라우프 부인에 관한 한 시간짜리 영화 말이다. 결말도 놀라웠다. 하지만 중간 부분이야말로 '우리의 이야기'였다.

영화의 길이는 결국 당신이 무엇을 말하고 싶은지에 달려 있다. 아마도 내가 만든 짧은 영화, 〈프롤로그_{Prologue}〉(2004)*라는, 하이쿠 같은 영화를 본 적이 있을 것이다. 단 5분짜리 작품이었다. 나는 사람들이 '받아들여줄 만한' 것이 무엇인지에는 관심 없다. 우리는 단지 우리가 느끼는 대로 작업을 할 뿐이다. 영화의 길이를 느끼고, 리듬을 느끼는 것이다. 그것이 우리가 만드는 작품의 형식이 된다. 그리고 그것은 스타일에서 나오며, 우리가 사람들에게 전하고자 하는 바에서 나온다.

Q. 〈사탄탱고〉는 영화 제작 방식과 감상 방식을 변화시킨 작품 중 하나다. 당신은 앞서 프리 프로덕션 단계에서 헝가리를 돌아다니며,

---

* 옴니버스 영화 〈비전스 오브 유럽〉(2004) 중 일부.

그곳에서 본 것들을 포착할 새로운 형식을 찾고 있었다고 말했다. 이전과 다른 새로운 영화 스타일을 의식적으로 만들고자 했던 것인가?

스타일은 차근차근 만들어진다. 스타일은 타고나는 게 아니다. 첫 번째 영화를 만들고, 두 번째 영화를 만들고, 세 번째 영화를 만들면서 형성하는 것이다. 한 편의 영화를 마쳤을 때 당신이 멍청한 사람이 아니라면 새로운 질문이 생기기 마련이다. 그리고 그 새로운 질문에 대해 이전의 답을 사용할 수는 없다. 이전의 스타일은 더 이상 통하지 않는다. 따라서 앞으로 나아가야 한다. 다음 프로젝트는 당신이 한 걸음 더 내딛도록 만든다.

우리는 〈사탄탱고〉를 만드는 것이 매우 힘든 작업이 될 것이라는 걸 알고 있었다. 그리고 실제로 힘들었다. 하지만 우리는 그 일을 사랑했다. 불행히도 지난 30년간 많은 사람, 많은 배우, 촬영감독이 세상을 떠났다. 우리는 정말 많은 좋은 사람을 잃었다. 아까 당신이 '30년'이라고 말했는데, 내가 무슨 말을 할 수 있겠는가? 우리는 그 30년을 잃었다. 하지만 그것은 감정적으로, 지적으로, 육체적으로 엄청난 도전이었고, 진정한 모험이었다. 이 프로젝트에 참여한 모든 사람은 120일 동안 함께 촬영했고, 그 전에도 2년 동안 프리 프로덕션을 함께했다. 그것은 단순한 영화 촬영이 아니었다. 우리는 훨훨 날고 있었다.

2024. 7.14
Alex Barrett
「Sight and Sound」 / BÉLA TARR on Sátántangó at 30 :
"The length of a movie all depends on what you want to say.
I don't care what is acceptable"

"인생에, 생명에, 귀를 기울이라고
벨라 타르는 말한다"

「키네마 준보」 2019년 11월 상순호

오다 카오리 (영화감독)

필름.팩토리에서 3년간 집대성한 〈아라가네$_{ARAGANE}$〉(2015)가
완성되었을 때, 탄광 회사에서 광부들을 위한 상영회를 실시했다.
이들이 매일 점호를 하는 방에서 상영을 하고 싶었기 때문에 영상을
흰 벽에 투영하는 형태를 취했다. 하지만 창문이 너무 높아 암막을
설치할 수 없었고, 너무 밝은 공간 때문에 무엇이 비치고 있는지
거의 모를 정도로 형편없는 영사였다. 준비한 작은 스피커는 탄광의
굉음과 무관한 큰 소음을 낼 뿐이었다. 그러나 많은 광부분들이
그 자리에서 끝까지 봐주었고, 낙심하고 있던 나에게 위로의 말을
건넸다. "나의 조부께서는 광산 안에서 일했지만, 나는 지상에서만
일해봐서 사실 광산 안이 어떤지 잘 몰랐어. 볼 수 있어서 좋았어."
얽매임 없이 정직하게 당신이 보는 것을 찍으라던 벨라 타르의
조언에 힘입어 자유롭게 만들었지만, 관객이 어떻게 받아들일까,

혹은 아무것도 모른다고 야단을 치진 않을까, 고민하며 만든

작품이었다. 그렇기 때문에 나는 광부들의 말에 구원을 받았다.

필름.팩토리 재학 기간이 끝나면 우리는 그 땅을 떠나 자기 나라로

돌아가거나 그다음 여정을 시작한다. 총알 자국이 외벽에 남은 그

자리에 카메라를 든 채 서 있다는 사실에 대해 3년 내내 생각했다.

우리는 이미지를 오려내고 편집함으로써 그들에게서 뭔가를

빼앗고 있는 것은 아닐까. 눈앞의 인생, 그 인생에 귀를 기울이라고

벨라 타르는 거듭 우리에게 말했다. 나는 그러려고 노력했지만,

우물쭈물 주눅이 들었다. 상영 후 광부들의 말이 나의 우물쭈물함을

없애주지는 않았지만, 녹아내리며 몸에 스며드는 것 같았다. 그들은

태어난 장소, 살아온 시간, 환경이 다른 사람일 수도 있지만, 지금

이 상영회에서 시간을 함께하는 것처럼 내 이웃이기도 하다는 것을

실감할 수 있었다. 차이점과 공통점이 있는 인간이나 그 행위에

대해 느끼는 대로 찍어도 좋다고, 용서받은 것 같은 기분이 들었다.

사라예보에 와서야 비로소, 아 나는 이 탄광에서 세계의 일부분에

대해, 사람과 사람의 관계에 대해, 영화를 만드는 것에 대해 배우고

있다고 느꼈다. 벨라 타르는 이 상영회를 매우 기뻐했던 것 같다.

자신이 그 상영회 안에서 있었던 것을 모두 감지한 것은 아니겠지만,

"그게 필름메이킹이야"라고 그는 말했고, 상영회 이후에 소박하게

건배했다. 그는 10대였을 때 영사기를 직접 옮겨 8mm로 찍은 영화로

상영회를 열었다고 한다. 솔직하게, 그런 어떤 것에서 벗어날 수 없는 영화를 만들어, 피사체나 관련이 있는 사람이나 신세를 진 사람에게 보여주고, 흥미를 가져준 사람에게도 보여주는, 그것이 필름메이킹이다. 필름메이킹은 이처럼 지극히 단순하지만, 카메라의 특성이나 돈과 엮이면서 복잡해지고 있는 걸지도 모른다. 우리는 많은 사람들이 교차하는 복잡한 세계에 살고 있기 때문에 그것을 외면할 수는 없다. 하지만 무엇이 필름메이킹인지 확신할 수 없을 때면 그 상영회를 떠올리며 그리움을 느낀다. "필름메이킹은 가르칠 수 없다"라고 벨라 타르는 말한다. 하지만 그가 만든 필름.팩토리에서 나는 나의 필름메이킹에 대해 확실히 배웠다.

小田香
人生に、命に、耳を傾けろとベーラは言う。
※「キネマ旬報」2019 年 11 月 上旬号初出

〈토리노의 말〉을 4dx로 봤다면 믿겠는가? 나는 이 영화를 정말로 그렇게 감상했다.

때는 2020년 12월, 나는 군 복무 중이었다. 부대는 휴가 복귀를 앞둔 나에게 거리두기가 '2.5단계'로 격상되었으니 7일간 격리할 것을 지시했다. 우리 부대는 충북 어느 이름 모를 산꼭대기에 위치했다. 내가 격리할 장소는 그 부대 내에서도 가장 꼭대기, 사무실로 쓰이던 컨테이너였다. 나는 사람들과 접촉을 삼간 채로 곧장 격리를 시작했다.

세상과 나 사이에는 얇은 철판뿐이었다. 웃풍을 막을 길이 없어 이불을 머리끝까지 뒤집어쓰고 잠을 자야만 했다. 온풍기가 있긴 했지만 바람 닿는 부분만 뜨겁지, 공간을 데워주진 못했다. 한 번 바람이 불면 창문이 떨어질 듯 흔들거렸다. 반경 안에 아무도 접근하지 않아 인기척도 느낄 수 없었다.

나는 미리 아이패드에 영화 몇 편을 저장해왔다. 이럴 때가 아니라면 OTT로 절대 보지 않을 것만 같은 작품들로 엄선했다. 그중 한 편이 바로 벨라 타르의 〈토리노의 말〉이었다. 작은 화면에 담긴 고립된 땅은 내가 처한 격리를 확장하는 듯했다. 우악스러운 돌풍 소리가 영화 안에서 나는 소리인지, 영화 밖에서 나는 소리인지 구분할 수 없었다. 나는 이불을 뒤집어쓰고 컴컴한 산속에서 벌벌 떨며 영화를 보았다.

영화 속 부녀의 세상은 마치 우주의 팽창을 역재생하듯 점점 쪼그라든다. 영화의 말미에 이르면 부녀는 어두컴컴한 방 안에서 익히지 않은 감자를 씹어 먹는다. 이들에겐 더 이상 세상이랄 게 남아 있지 않았다. 영화를 끝까지 다 본 나도 마찬가지였다. 나는 밖으로 나갈 수 없었다. 문밖은 한겨울의 산꼭대기, 철조망으로 둘러싸인 낭떠러지니까.

벨라 타르가 나에게 선사한 건 종말의 내성이었다. 세상이 끝나지 않는다는 역설이었다. 시간이 흘러 기꺼이 나와 접촉하며 온기를 보태는 분이 많아졌다. 시네마토그래프 이윤영 님과 아트하우스 모모, 그리고 멋진 표지 디자인해주신 이하은 님께 감사하다. 글을 싣도록 도와주신 유창연, 정태수, 전준혁 선생님, 오다 카오리 감독님과 해외 저널리스트들께 감사드린다. 마찬가지로 물심양면 코프키노를 도와주는 에무시네마의 친구들과 엠앤엠 인터내셔널, 눈알이 빠져라 오타를 잡아준 선민과 교정·교열을 맡아준 임수현 님께 깊은 감사를 전한다. 무엇보다도 특별판 펀딩에 참여한 모든 분께 깊은 감사 인사를 드린다.

어김없이 돌아온 겨울에 문턱에서, 다시 한 번 이육사의 말을 빌려 추위를 몰아내보려 한다. 겨울은 강철로 된 무지갠가 보다.

1978
호텔 마녜지트(단편)
Hotel Magnezit
12분
촬영: 파프 페렌츠
각본: 벨라 타르

1979
시네마르크시즘(단편)
Cinemarxisme
33분
각본: 벨라 타르
편집: 흐라니츠키 아그네슈

1979
패밀리 네스트
Family Nest / Családi tüzfészek
108분
출연: 사이키 이렌, 호르바스 라슬로
촬영: 파프 페렌츠
각본: 벨라 타르
- 1979년 만하임-하이델베르크 국제영화제 대상

1981

아웃사이더

The Outsider / Szabadgyalog

122분

출연: 사보 안드라시, 포도르 욜런

각본: 벨라 타르

촬영: 미호크 바르너, 파프 페렌츠

편집: 흐라니츠키 아그네슈

불안한 관계

The Prefab People / Panelkapcsolat

102분

출연: 포거뉴 유디트, 콜타이 로베르트

각본: 벨라 타르

촬영: 미호크 바르너, 파프 페렌츠

편집: 흐라니츠키 아그네슈

-1982년 로카르노 영화제 특별언급상

1982

맥베스

Macbeth

62분

출연: 체르할미 죄르지, 쿠트빌지 에르제베트

각본: 벨라 타르 (원작- 윌리엄 셰익스피어 『멕베스』)

촬영: 구야시 부다, 파프 페렌츠

1984
가을
Almanac of Fall / Öszi almanach
119분
출연: 테메시 헤디, 보드나르 에리카, 세케이 B. 미클로시
각본: 벨라 타르
촬영: 구야시 부다, 커르도시 샨도르, 파프 페렌츠
편집: 흐라니츠키 아그네슈
-1984년 로카르노 영화제 어니스트 아타리아상 수상

1988
파멸
Damnation / Kárhozat
120분
출연: 세케이 B. 미클로시, 발리 케르케스
각본: 크러스너호르커이 라슬로, 벨라 타르
촬영: 메드비지 가보르
편집: 흐라니츠키 아그네슈

1990
시티라이프(옴니버스)-마지막 배
CITY LIFE-The Last Boat / Utolsó hajó
31분
출연: 세케이 B. 미클로시, 미카엘 멜만
각본: 크러스너호르커이 라슬로, 벨라 타르
촬영: 메드비지 가보르
편집: 흐라니츠키 아그네슈

1994

사탄탱고

Sátántangó

438분

출연: 비그 미하이, 데르지 야노시, 페터 벨링, 보크 에리카

각본: 크러스너호르커이 라슬로, 비그 미하이, 도바이 페테르, 미호크

　　　 바르너, 벨라 타르(원작 – 크러스너호르커이 라슬로 『사탄탱고』)

촬영: 메드비지 가보르

편집: 흐라니츠키 아그네슈

- 1994년 베를린국제영화제 칼리가리 필름 상

1995

평원에서의 여행

Journey on the Plain / Utazás az Alföldön(단편)

35분

출연: 비그 미하이

각본: 비그 미하이, 벨라 타르

촬영: 프레드 켈레멘

편집: 흐라니츠키 아그네슈

2000

베크마이스터 하모니즈

Werckmeister Harmonies / Werckmeister harmóniák

145분

출연: 라스 루돌프, 데르지 야노시, 페터 피츠

각본: 크러스너호르커이 라슬로, 벨라 타르(원작 – 크러스너호르커이

　　　 라슬로 『저항의 멜랑콜리』)

촬영: 파트릭 데 랑터, 구르반 미클로시, 어윈 랑젠스베르거, 메드비지

　　　 가보르, 에밀 노박, 롭 트레젠자

편집: 흐라니츠키 아그네슈
- 2000 칸영화제 감독주간 초청

2004
비전스 오브 유럽 - 프롤로그(옴니버스)
Visions of Europe-Prologue
5분
촬영: 로비 뮬러
편집: 흐라니츠키 아그네슈

2007
런던에서 온 사나이
The Man from London / A londoni férfi
132분
출연: 미로슬라브 크로보트, 틸다 스윈튼
각본: 크러스너호르커이 라슬로, 벨라 타르(원작 - 조르주 심농 『런던에서
　　온 사나이』)
촬영: 프레드 켈레멘
편집: 흐라니츠키 아그네슈
- 2007년 칸국제영화제 경쟁부문

2011
토리노의 말
The Turin Horse / A torinói ló
146분
출연: 데르지 야노시, 보크 에리카
각본: 크러스너호르커이 라슬로, 벨라 타르
촬영: 프레드 켈레멘
편집: 흐라니츠키 아그네슈

- 2011 베를린국제영화제 심사위원 그랑프리

2017
세상이 끝날 때까지(미디어 아트)
Till the End of the World
큐레이션: 암스테르담 아이 필름뮤지엄
전시 기간: 2017. 1. 21 ~ 2017. 5. 7

무하메드(단편)
Muhamed
10분
출연: 무하메드 오스마노비치
촬영: 프레드 켈레멘

2019
잃어버린 사람들(미디어 아트)
Missing People
95분
촬영: 프레드 켈레멘

사탄탱고 : 벨라 타르에 들어가기 앞서

초판 1쇄 2025년 3월 17일
2판 1쇄 2025년 11월 14일
엮은이 : 강탄우
옮긴이 : 강탄우
펴낸이 : 강탄우
펴낸곳 : 코프키노
편집 : 강탄우
표지디자인 : 이하은 (lhe4604@naver.com)
교열·교정: 임수현
등록 : 2025년 1월 8일, 제 306-2025-000001
주소 : 서울시 중랑구 중랑역로 13길, 8-1 1층 우 코프키노
홈페이지 : instagram.com/books_by_kopfkino
전자우편 : twtw9808@gmail.com

ISBN : 979-11-991189-1-1 (03680)